真珠湾攻撃隊

隊員と家族の八〇年

大島隆之

講談社現代新書
2686

はじめに

引き揚げられた飛行機

普段、あまり訪れる人がないというその展望台は、見物に来た多くの島民で賑わっていた。ここは、鹿児島県の種子島の北端にある、喜志鹿崎《きしかざき》灯台。眼前の海には大きな作業船が碇泊し、ダイバーを乗せた小さな船が慌ただしく行き交っている。

二〇二一年六月、かつてここに不時着した日本海軍の飛行機が、深さ二〇メートルの海の底から引き揚げられようとしていた。太平洋戦争の末期、沖縄の周辺にいるアメリカ艦隊を攻撃するため九州の基地を飛び立った三人乗りの攻撃機が、アメリカの戦闘機に迎撃され、ここに不時着したのだという。

作業は現場周辺の激しい潮流のため難航し、僕とカメラマンは港近くの宿に滞在しながらその時を待っていたが、いよいよ揚がるらしいと聞き、テレビ局や新聞社の記者たちが共同でチャーターした漁船に乗せてもらい、現場の海域にたどりついた。ダイバーの手により海中でベルトを巻きつけられた機体が、作業船の巨大クレーンによって海の中から徐々に姿を現していく。だがそれは、想像以上に朽ちていた。機体の表面ははげ、骨組みがむき出しになっている。それを見て、この飛行機が役目を終え海の底に姿を消してからいかに長い歳月が経っていたのか、改めて感じずにはいられなかった。

その飛行機は「九七式《きゅうなな》艦上攻撃機（九七艦攻）」という。胴体の下に爆弾や魚雷を吊るし、敵の軍艦や陸上の目標を攻撃するのが主な任務だった。乗員は三人で、前席には「操縦員」が、中央の席にはナビゲーションをしたり爆弾や魚雷の投下を行う「偵察員」が、後席には電信を打ったり機銃で敵機と戦う「電信員」が乗っていた。

ちなみに「九七式」というのは、初代天皇と伝承される神武天皇が即位したと伝わる年を元年とした場合の紀元二五九七年（西暦にすると一九三七年）に海軍が制式採用した軍用機であることを意味している。太平洋戦争の末期にはすでに時代遅れとなっていたこの飛行機も、当初は高速性と航続距離、操縦性能の高さが評価され、一五〇〇機以上が製造された。

この九七艦攻が一躍その名を高めたのが、一九四一年一二月八日、日本海軍がハワイに碇泊するアメリカの太平洋艦隊に対して行った「真珠湾攻撃」だった。

真珠湾に向かった九〇〇人のその後

真珠湾攻撃は、オアフ島の北方四〇〇キロ余りにまで近づいた六隻の日本空母から飛び立った、第一次攻撃隊の一八三機、第二次攻撃隊の一六七機、計三五〇機によって行われた。この攻撃には、九七艦攻以外に、二人乗りの「九九式艦上爆撃機《きゅうきゅう》（九九艦爆）」、一人乗りの「零式艦上戦闘機《れい》（零戦）」が参加しており、それぞれ機種別に訓練を受けた専門の搭乗員が乗り込んでいた。その数は三五〇機の攻撃隊だけで七六五人にのぼる。

それに加え、攻撃隊を送り出した後の空母上空には、アメリカからの反撃に備えて零戦などが「直衛機」として警戒に当たっており、それ以外にも、「予備員」と呼ばれる交代要員が大勢控えていた。それらを加えた総数は、九〇〇人近くにのぼる。

日本の歴史の大きな転換点となった真珠湾攻撃だが、それを担った彼らひとりひとりがその後どのような運命をたどったかは、あまり知られていない。彼らの運命を象徴する一枚の写真がある。これは真珠湾攻撃に参加した六隻の空母のひとつ「加賀《かが》」の艦上で、攻撃の三日前に撮影された写真だ。

真珠湾攻撃にあたり加賀には、九七艦攻が二七機、九九艦爆が二七機、零戦が一八機搭載されることになっていたが、ここには九七艦攻に乗る加賀の搭乗員が勢ぞろいしている。その数九三人。このうち八一人に関しては氏名が判明しているのだが、生きて終戦を迎えたのは一九人だけ。それ以外の六二人に関しては戦死したことがわかっている。その割合は、八割近くにのぼる。

そしてこれは、加賀の艦攻隊に限った話ではなかった。搭乗員全体でみても八割近く

加賀艦攻隊93人
（判明している生存者）
前列　右から2人目：三矢武一、その上：井藤弥一　二列目　左から4人目：明刕豊、8人目：北島一良、9人目：橋口喬、14人目：森永隆義、16人目：佐藤重雄　三列目　左から7人目：吉川與四郎、8人目：中村豊弘、11人目：岩田廣丈、右から5人目：坂田恵介、右端：山口勇二　四列目　左から4人目：吉野治男、7人目：井上安治、9人目：沖中明、右端：前田武　五列目　左から9人目：田中庄市、右から2人目：松山政人が、やはり終戦までの間に戦死していたことがわかっている。

腕利きが集められたという真珠湾攻撃隊員たちは、この日を境に長く続くことになるアメリカとの激しい戦争で、最前線に立たされつづけ、文字通り死ぬまで戦うことを求められたからだった。

搭乗員と家族たちの「強さ」

僕が戦争を体験した方々への取材を始めた二〇〇六年当時、真珠湾攻撃に参加し、奇跡的に戦争を生き抜いた隊員たちの一部は、まだ健在だった。彼らは戦場で何を目撃し、その時何を思い、そして長い戦後をどのように生きていったのか。僕は、同じ興味を持つ金沢裕司カメラマンとともに、互いの仕事の休みに各地の隊員を訪ねてはインタビューを重ねていった。

なぜそのような方法をとったのか。それは、想像をはるかに超える戦争の実態に迫るためには、平和な時代に生きる僕らの安易な発想からテーマを設定するのではなく、多くの声を丹念に積み上げるなかからテーマを浮かび上がらせていく、そんなアプローチをする必要があると思っていたからだ。そのためにはまず、番組の提案をＮＨＫに通して動き始める前に、地道に彼らの声に耳を傾け、記録していく必要があった。

すでに高齢となっていた隊員は、時が経つとともに、ひとりまたひとりと鬼籍に入っていった。それに伴い、僕はインタビューの軸足を、戦死した搭乗員の遺族に移しながら取材を続けていった。そうしたなかで迎えた二〇二一年一二月、僕は真珠湾攻撃隊員とその家族を追った一〇〇分のドキュメンタリー番組を制作し、NHKで放送した。

タイトルは「真珠湾八〇年 生きて 愛して、そして」。戦争を扱ったドキュメンタリーというと、暗く陰惨なイメージが前面に立つものが多いなかで、ずいぶん甘すぎるタイトルに聞こえるかもしれない。だが、取材をさせてもらうなかで僕が感じるようになっていたのは、彼らがくぐり抜けた現実の過酷さと同時に、そのなかを生き抜いていった隊員やその家族たちの「強さ」だった。特に、戦場で戦う隊員を陰で支え、その死と向き合い、戦後はその者のいない世界を懸命に生きた母、妻、恋人など女性たちの姿、そのひとつひとつの物語に、強く心を打たれた。

そんな男たち、女たちの生き様から、時代は違えど困難な状況を生きる現代の人びとの心に何か響くものがあるのではないかと考えたのだ。

幸い、番組は好意的に受けとめられ、ひとつの目的は達成した。ただ、取材させてもらった膨大なエピソードのなかには、一〇〇分という限られた時間のなかでは紹介しきれなかったものも多くあった。また、今回の番組はあくまで通過点に過ぎず、放送後も取材は続いており、そのなかで新たにわかったこともある。そうした事実も盛り込みながら、今回、番組とは別に書籍というかたちでまとめさせてもらうことになった。

今と地続きの八〇年前の戦争

じつは、八〇年という時が経っても、真珠湾攻撃に参加した九〇〇人に及ぶ隊員たちについてはまだまだわからないことが多い。そもそも「九〇〇人に及ぶ」という言い方をしているのは、その正確な人数すら判明していないからだ。

本書末には、隊員たちの一覧表がつけられている。このリストは、これまで多くの研究者が長い時間をかけて作成してきたものを土台としているが、あらかじめ断っておくと、これもまだまだ不完全なものだ。

リストは大きく、第一次攻撃隊、第二次攻撃隊、上空直衛、予備員からなっている。編成は、六隻の空母（「赤城《あかぎ》」「加賀」「蒼龍《そうりゅう》」「飛龍《ひりゅう》」「瑞鶴《ずいかく》」「翔鶴《しょうかく》」）ごとに分かれており、攻撃隊は任務の内容によって、「水平爆撃隊」「雷撃隊」「急降下爆撃隊」「制空隊」の四つに分かれている。

高度四〇〇〇メートルを飛ぶ九七艦攻から八〇〇キロ爆弾を投下する「水平爆撃」、同じ九七艦攻が超低空に降りて魚雷を投下する「雷撃」、急角度で突入する九九艦爆から二五〇キロ爆弾を投下する「急降下爆撃」、そして、迎え撃つ敵戦闘機から味方の攻撃機を守って「空を制する」零戦。この四隊が連携を取りながら、攻撃は実行に移された。

リストは、東京市ヶ谷にある防衛研究所に残されている真珠湾攻撃当日の編成表を基に作成してあるのだが、空母の上空で護衛に当たった戦闘機の編成については資料が不完全であり、予備員に関しては一切の記述がなく、それ以外の資料からその時に空母に乗っていたと思われる搭乗員をひとりひとり拾い集めて記載している。

そのため、本当はこのなかに名を連ねていなければならない隊員の一部が、リストから漏れてしまっているはずだ。例えば、六頁に載せた、加賀艦攻隊の集合写真。九三名の姿が見え、このうち攻撃に参加したのは七八名。残る一五名が予備員と考えられるが、そのうち僕が把握しているのは七名に過ぎない。

また、第一次攻撃隊のうち、空母「瑞鶴」の「急降下爆撃隊」に限っては、最初の五機分の編成表しか残されておらず、それ以外については、この時瑞鶴に乗っていたと思われる九九艦爆の搭乗員の名前のみ記すかたちとなっている。

ただ、名前が判明していたとしても、九〇〇人ひとりひとりの物語に関してはわかっていないことがたくさんある。新たな遺族を訪ね、遺品を見たり話を聞いたりしながらその心の機微に触れるたびに、八〇年前の戦争は僕たちの生きる今と地続きであり、そこから学べることがまだたくさんあること、そしてそれらの物語は、手をこまねいていれば歴史の彼方に霞んでいってしまうということに気づかされる。

元隊員の方々、遺族の方々、そしてそうしたひとりひとりの人生に早くから光を当ててきた多くの研究者たちとの対話のなかから僕が学ばせてもらったことの幾分かでも、この書籍を通じて伝えていければと願っている。

著者

二〇二二年九月五日

目次

第一章　真珠湾に散った青春

伊那谷へ

大切な人を忘れたくないという思いは、八〇年という歳月など容易に超えていってしまうものなのかもしれない。そんなことを感じさせてくれる出会いがあった。

二〇二一年九月、僕は金沢カメラマンらとともに、東京から長野県の伊那谷へ向かっていた。真珠湾攻撃に参加した搭乗員の遺族を訪ねるためだった。

岡谷を経て中央自動車道を南下していくと、左手を南アルプス、右手を中央アルプスに挟まれた伊那の谷筋を通ることになる。水田となる耕地面積が少なく、多くの人口を養うことができなかったため、昭和の初めには満洲に多くの開拓移民を出した土地でもある。

高速を降り、谷の底を流れる天竜川へと続くなだらかな斜面をくだり、片側一車線のひなびた国道を走っていく。その国道から細い路地を右に折れた先に、突如その場所は姿を現した。収穫前の黄金色の田んぼが数枚あり、その真ん中に、黒塗りの塀に囲まれた館がたたずんでいる。八〇年前の空気をそのまま留めたような光景は、ここに、確かな記憶が宿っているという期待を抱かせるものだった。

田んぼのなかの小路を進んで建物の引き戸を開け、声をかけると、土間を進んだ先にある上がりで家族が迎えてくれた。北原《きたはら》東亜《とあ》夫《お》さんと妻のみずえさん、そして、連絡をくれた息子の太志郎《だいしろう》さんだ。
今回の番組を制作するにあたり、僕は、真珠湾攻撃隊員で住所のわかる方々に、どんな些細なことでも構わないので教えて欲しい旨を伝える手紙を出していた。その一部は宛先不明で戻り、大部分からは返事がなかったが、連絡をくれた少数の方々のなかでも特に高い熱量を感じたひとりが、北原收三《しゅうぞう》さんの遺族である太志郎さんだった。メールには次のようにあった。

「北原收三は私の祖父の弟、私にとって大叔父にあたります。
私は現在四十歳ですが、二十年ほど前、
收三が書き残したものや辞世の句などを蔵で見つけ、
あの戦争がぐっと身近なものとして迫ってきたことを覚えています。

以来、收三は二十三年という生涯をどのように送ったのか、
どのような想いで真珠湾へと向かっていったのか、
私自身も知りたく残された遺品や資料をあたりました。

収三と直接会った者もいなくなる中、人物像に迫ることはなかなか難しいですが彼の残したものをぜひご覧いただき、収三という人間にアプローチしていただけましたら遺族の一人として大変嬉しい限りです」

死の前日まで綴られていた日記

北原収三さんは、一九一八年九月一八日、長野県下伊那郡大島村（現・松川町）の裕福な農家に、父伊平、母みさとの三男として生まれた。満二〇歳を迎えた後の一九三九年一月に徴兵で海軍の横須賀海兵団に入団し、同じ年の一二月、飛行機乗りとしての資質を見出され、操縦員を養成する「操縦練習生」の五〇期生となった。

そして、一九四一年四月に空母「加賀」に配属となり、真珠湾攻撃に参加し、その当日に戦死した。真珠湾に到達した日本側搭乗員は、第一次攻撃隊の四一二人、第二次攻撃隊の三五三人、計七六五人を数えるが、うち二九機・五五人が未帰還となっている。収三さんは、そのうちのひとりだった。

北原の家は、九人兄妹の長男だった太喜夫《たきお》さんが継ぎ、現在は、その孫である太志郎さんが守っている。江戸時代の終わりに建てられたという館は、収三さんが生きていた頃の面影を残しているという。庭に面した畳敷きの居間に通された僕たちを、額縁に納められた二枚の写真が迎えてくれた。一枚は、軍務のない休日に撮ったと思われる水兵服の写真。はにかんだような笑顔で写っている。もう一枚は、操縦練習生時代に複葉の飛行機の前で撮影されたもの。水兵服の写真とは別人のような、険しい表情をしている。

北原收三さん

【太志郎さん】

「家の中に飾ってある部屋があるのですが、私にとっては小さい時からこの写真がですね、とても怖かったんですね。白黒で、戦争の匂いがして、どういう人かもよく知らずに。で、大学生の時に蔵の中でこの箱を見つけまして。開けてみたら真珠湾攻撃の年の日記が入っていましてね。ああ、あの写真の人のかということでめくり始めてみたのですが、衝撃でしたね。一日も欠かすことなく、攻撃前日までの気持ちが記してあって。真珠湾攻撃当日の空白のページを見た時は、本当に震えました」

収三さんは真珠湾攻撃が行われた一九四一年、元日から戦死する前日まで、一日も欠かすことなく日記をつけていた。真珠湾攻撃に参加した搭乗員がつけていた日記というだけでも貴重だが、隊員のなかで最も階級の低かった一等飛行兵が一日も欠かすことなくつけていたという意味で、収三さんの日記はさらに興味深かった。

士官	中佐
	少佐
	大尉
	中尉
	少尉
准士官	飛行兵曹長　（飛曹長）
下士官	一等飛行兵曹（一飛曹）
	二等飛行兵曹（二飛曹）
	三等飛行兵曹（三飛曹）
兵	一等飛行兵　（一飛兵）

真珠湾に出撃した搭乗員の階級

「修養日記」

彼は、いったいどのような思いで、真珠湾攻撃までの日々を生きていったのか。冒頭の余白には、大きな文字で「修養日記」と書かれている。収三さんがこの文字をいつ記したのかは定かではない。年の初めに抱負として書いたのかもしれないし、月日を重ねるなかで、自分の日記をこう位置づけようとしたのかもしれない。ただ日記からうかがえるのは、收三さんが送っていた日々が、「修養」の名にふさわしい、体と心の鍛錬を要求する厳しいものだったということだ。
　前年の六月に「第五〇期操縦練習生」を修了した收三さんは、大分航空隊、ついで館山航空隊で訓練を続けていた。そして一九四一年二月からは空母の飛行甲板への着艦を想定した訓練が始まっている。当時の日本の主力空母の飛行甲板は幅三〇メートル、長さ二五〇メートルほど。しかも相手は航行を続けている。そこにピタリと着艦させるためには、広い陸上基地への着陸とは段違いの技量を必要とした。着艦に失敗し、衝突したり転落したりで命を落とす搭乗員も少なくなかった。

三月一三日
接艦《せっかん》第二日目。
二日目頃は事故が有ると云《い》はれ色々と注意されて開始す。
次々と事故ばかり起し全く目もあてられず。
十三日はやはり悪日だ。
でも一人の殉職者も無く全く不幸中の幸いなり。
自分は続ひて二回接艦行ったれど二回とも満足には出来ず。

これでは着艦思《おぼ》つかなし。大いに自重努力せねばならぬ。

収三さんは、一ヵ月以上の厳しい訓練を経て空母の搭乗員に選ばれ、「加賀」に配属された。訓練の行われていた千葉県館山基地から汽車で移動し、下関、門司を経て、四月七日、佐世保から「加賀」に乗艦する。

命をめぐる過酷な現実

この頃、収三さんをはじめとする搭乗員たちの運命は、対立を深めていく日本とアメリカが作り出す、太平洋の大きなうねりのなかにあった。

一九二九年に始まった世界同時不況のなか、一九三一年に日本は中国東北部で満洲事変を引き起こし、一九三七年からの日中戦争で中国への軍事侵略を本格化させていた。さらに一九四〇年には、ヨーロッパで第二次世界大戦を引き起こしたドイツらと日独伊三国同盟を結ぶに至る。これに対し、フィリピンを植民地として支配するアメリカは、日本のさらなる勢力拡大を警戒し、両国の間で緊張が高まっていた。

一九四一年一月、連合艦隊司令長官の山本五十六《やまもといそろく》が、日米が開戦に至った場合に備えてハワイ奇襲攻撃の立案を命じており、三月初旬には、攻撃の中心を担う「赤城」「加賀」

の第一航空戦隊の参謀・源田実《げんだみのる》が作成した草案が山本に提出されている。

そのなかで、作戦の成否を分ける重要な役割を担うと位置づけられたのが、艦攻で超低空から敵艦に接近して魚雷を投下し、海中を走らせて敵艦の舷側に命中させる「雷撃」だった。

加賀では、收三さんが着任する前から、実戦を想定した厳しい訓練が続けられていた。それは、経験を積んだ熟練パイロットにとってすら少しのミスや不運が命とりになるほどのものだった。一九四一年二月二一日には、訓練の先頭に立っていた隊長の竹内定一大尉が、夜間雷撃訓練のさなか発動機の不具合により墜落し殉職する事故も起きている。

收三さんにとって、搭乗員の命をとりまく過酷な現実は、それまでの人生で培ってきた死生観を大きく揺さぶるものだったようだ。

五月八日
着艦も三日目少し自信も出来て来たが
又油断が出来最も危険な時と思って居た時も時
一緒に行った小池一空（一等航空兵）、自分の次に着艦し艦橋に激突ツイ落す。
うまい具合に着水し搭乗員三名共救助さる。

見たのはこれで二回も今度は少しも心の動揺を感ぜず。

戦友が落ちても何んとも感ぜずして良いだろうか？

之が軍人の常なのだろうか。

夜間飛行は例の如く行はれる。赤城の艦爆ツイ落殉職す。

五月二七日
事故を起し（た）艦は隊は惨めなものなり。

松原一空、着艦の折右舷より墜落し殉職す。偵電は健在なり（※）。

大分空以来一緒だった君に別れ。職に倒れたと云ふも誠に残念なり。

（※）操縦の松原里見一等航空兵（福井出身）は殉職したが、偵察員と電信員は助かった

真珠湾攻撃隊の内実

それにしても、収三さんの日記を読んでいて興味深いのは、「日本海軍の精鋭を集めた」と語られることの多い真珠湾攻撃隊の内実が、もっと複雑だったということだ。もちろん、訓練に訓練を重ね、中国の戦場で実戦を経験した搭乗員が多くを占めていたが、その一方で、練成途上の若年搭乗員も大勢いた。

真珠湾攻撃に参加した隊員たちは、その出身によって大きく四つに分けることができた。エリート士官を養成する「海軍兵学校（海兵）」出身の者、少年飛行兵「予科練」の出身の者（昭和七年に始まった制度で、高等小学校卒業であれば応募できたが、昭和一二年に旧制中学三年修了の者を対象とする予科練が新たに作られ、前者が「乙種飛行予科練習生〈乙飛〉」、後者が「甲種飛行予科練習生〈甲飛〉」となった）、そして、志願や徴兵で海軍に入った者のなかから選抜した「操縦練習生〈操練《そうれん》〉」や「偵察練習生〈偵練《ていれん》〉」出身の者である。

そのなかで収三さんよりも後に飛行訓練を始めたのは、海兵、甲飛、乙飛、操練、偵練合わせてわかっているだけで二〇〇人以上にのぼる。これは真珠湾攻撃に参加した全搭乗員の四分の一近い数となる。

ベテランと若手をうまく組み合わせながら、技量を向上させ新陳代謝を図るのは組織として当然のことだが、経験の少ない搭乗員にも高度な技量を求めざるを得なかったのが真珠湾攻撃だった。

よく言われていることだが、真珠湾という軍港は水深が浅く、攻撃機から投下した魚雷が海底に突き刺さることなく海中を走るには、高度一〇メートルほどまで降りて魚雷を投下しなければならなかった。九月末からは、鹿児島の錦江湾などを舞台に、市街地方向から侵入した艦攻が海面すれすれまで降下して魚雷の発射態勢に入る訓練が始まっている。

実際に訓練に参加した雷撃隊の元搭乗員（加賀・前田武《まえだたけし》さん、蒼龍・吉岡政光《よしおかまさみつ》さん、飛龍・城《しろ》武夫《たけお》さん）によれば、通常の雷撃が一〇〇メートルほどの高さから魚雷を投下するのに比べて異常な低さで、そもそも艦攻の高度計の針は五〇メートルまでしかないため計器もあてにならず、プロペラが海水を叩くギリギリまで機体を下げなければならないとのことで、その困難さが伝わってくる。

収三さんもまたそんな訓練のさなかにいたが、日記の記述を見る限り手ごたえはなく、上官から叱責されることもしばしばだったようだ。

一一月四日から大分県の佐伯湾を舞台に六隻の空母が参加して行われた真珠湾攻撃前の最後の雷撃訓練でも、部隊全体の出来は芳しくない。真珠湾攻撃を立案した源田実が戦後に書いた『真珠湾作戦回顧録』にも、「雷撃隊懸命の努力にもかかわらず、思わしい成績をあげることができなかった」とある。投下された魚雷の多くが、海中をうまく走らなかったのである。

「攻撃の日即ち死の日」

こうした厳しい訓練がくりかえされる一方で、日本とアメリカの対決はいよいよ鮮明になっていく。一〇月には東条英機《とうじょうひでき》により内閣が組閣され、一一月五日には、海軍の作戦立案を司る軍令部総長から山本五十六・連合艦隊司令長官宛に「自存自衛の為」「十二月上旬を期し諸般の作戦準備を完整するに決す」という命令が下り、いよいよ日本は真珠湾攻撃に向けて舵を切っていくことになる。

九州での訓練を終えた六隻の空母は、極秘裏に行動を開始して北海道択捉島の単冠湾《ひとかっぷ》に集合し、一一月二三日、全搭乗員に対し、ハワイの真珠湾を奇襲攻撃しアメリカとの戦争に踏みきることが伝えられた。

一一月二三日
今晩隊長より本作戦の攻撃目標を教え（ら）れる。
ハワイの艦隊及び地上施設なり。
俺の骨をうづめるのは太平洋の真中だ。
ハワイ迄行き死ぬのならば例え藻屑となるとも本望だ。
後十数日で自分の生死も判るのだ。
いや帝国の運命も左右されるのではないだろうか。

一一月二四日

来《きた》るべき作戦に備えるべく赤城え《ママ》
攻撃目標なるオハフ島の模型を見に行く。
攻撃の日即ち死の日を数える。
死を恐れる訳では無いが遂《つい》考える。
聖賢《せいけん》は如何に考えるかしら。

僕はこの日記を読んで、収三さんが真珠湾攻撃を「みずからの死」という悲壮感とともに受け止めていたことに、はっとさせられる思いだった。真珠湾攻撃が日本側から語られるところの「成功」に終わり、参加した隊員のほとんどが生きて帰ったという結果を知っている現在の僕たちは渦中にあった隊員たちの思いに鈍感になりがちだが、彼らにとっては、アメリカという大国と戦火を交える一二月八日は自分の命日と受け止めるのが自然だったのだ。

「死に場所」

この書籍が世に出る時点で唯一生き残っている隊員で、「蒼龍」の雷撃隊の一員だった吉岡政光さんも、一〇三歳だった二〇二一年に行ったインタビューのなかで、北原さんと同じような思いを語っていた。

【吉岡さん】

「最初一二月八日にハワイに行くよと言われて、ハッと思っているところに、『十年兵を養うはただ一日これを用いんがためなり』って、そういうことを言われたんです。それを聞いた時はですね、体の血がサーッと全部デッキに吸い取られたような感じですね。俺はもう死ぬんだなということでね。死に場所だなと。ということを思いましたね」

吉岡政光さん（真珠湾攻撃頃）

一九一八年一月に石川県能登半島の漁村に生まれた吉岡さんは、一八歳で海軍に志願して水兵となり、その後偵察練習生に応募して採用された。一九三九年に蒼龍に配属された吉岡さんは、日中戦争での出撃経験もある中堅搭乗員だったが、その吉岡さんでも、死を意識した時には動揺を抑えることができなかった。だが気をつけなければいけないのは、当時の搭乗員たちにとって、「死が目前に迫った時の思い」は、僕らが今感じるであろうものとはだいぶ違うものだったということだ。彼らにとって「死」とは、搭乗員である以上常についてまわるものであり、その現実を前にひるむというよりは、乗り越えていくべきものとして教育されていた。真珠湾攻撃を前に死を意識した時の心情についてしつこく質問する僕に対し、吉岡さんは、次のように答えている。

【吉岡さん】

「死ぬことについてよく聞かれますけどね、偵察練習生というのは、各部隊から『私は偵察練習生になりたいです』って志願して、家からも『飛行機乗せていい』ってハンコを取るんですよね。海軍が。なぜそんなことしたかって言ったら、他の人に比べて非常に死ぬ率が多いからですよ。一般の水兵とかは、戦争が始まらないとめったに死なないのにね、訓練で死ぬような飛行機に乗せてもいいかっていうことで。

だから志願する時から、俺は他の人よりも余計に死ぬんだなって、覚悟を決めていた。そのために、一般の兵より給料を多くもらっているんですね。そういうことが体にしみ込んでいますんで、やむを得んと思って。死ぬから怖いとか、そんなこと思わなかった」

死の危険は、織り込み済み。武人としてその現実を潔く受け入れ、名を惜しみ、決して卑怯な振る舞いはしない。真珠湾攻撃を前にした搭乗員たちにそうした精神講話が連日行われていたことが北原收三さんの日記からも読み取れるが、それを受け入れる素地として、アメリカに対する敵愾《てきがい》心というのも多分にあったことも同時にうかがえる。彼らは真珠湾攻撃の歴史的意義、つまり、日本はアジア進出をもくろむアメリカの横暴を前に我慢を重ねてきたが、ついにやむなく立ち上がるのだ、これは正義の戦争なのだ、という「物語」もくりかえし聞かされていた。残りわずかとなった收三さんの日記には、こう書かれている。

三日前の記念写真

一二月一日
今晩愈々《いよいよ》西半球に入る。毎日毎日攻撃に関する講話有り。
聞く度事《ママ》に我が身の引き締るを感ずる。

子供が正月を待つ様に胸を躍らせながら指折り数えて待つ此の気持、其の人のみが知るのだ。
総ての人が攻撃を対照《ママ》に活動し又話して居る。
何一つ思い残す事は無いが御両親え《ママ》と最後の御便りにしての下書をする。

一二月五日
記念写真を撮る。
総員集合にて艦長より訓示有り。
又夕食後搭乗員に訓示行はれる。
此の作戦は一に我々搭乗員の双肩に有るのだ。
技倆《ぎりょう》でなくして腹で行くのだ。

一二月六日
天候は依然として恢復《かいふく》せず曇天なり。進撃には非常に幸なり。
明日一日が運命の岐路だ。奇襲に成功するもしないのも明日一日だ。
明後日の様子が目の先に浮ぶ。魚雷命中の水柱思っただけで血は躍る。

散髪屋にて遺髪を取る。俺の身体で残るものはこの髪だけだ。

一二月七日
今日は暫《しば》らく振《ぶ》りの晴天。
発見されは知れぬかと不安の気ただよふ。
遂に発見もされずに夜に入る。全機甲板に出し万端の準備を行ふ。
後は命令に依り出動する迄だ。冷性《ママ》にと思ひつつも思えば遂興奮する

出撃の三日前に撮影されたと收三さんが書いている記念写真が、二枚現存している。ひとつは、「はじめに」で紹介した加賀艦攻隊の搭乗員がすべて収まっている写真。このなかで收三さんは、海軍航空隊の記念写真では若年の者が主に座る最前列の、右から三人めにいる。

もう一枚は、三三人による集合写真で、これは收三さんが所属していた北島一良《きたじまかずよし》大尉を長とする分隊の集合写真。ここでも位置は、最前列である。その表情は、二枚とも、それまでにない厳しさで、前を見据えている。

北島分隊の集合写真（12月5日撮影）

前列：平山繁樹、川崎光男、不明、山口勇二、岡田幸男、北原收三、不明　二列目：山本勝男、名劦豊、北島一良、福田稔、森永隆義、王子野光二　三列目：清水吉雄、吉野治男、吉川與四郎、杉原達也、松山政人、坂田恵介、米澤一、田中洋一　四列目：山本静男、佐々木亀蔵、大串軍治、中川一二、大西春雄、前田武、佐藤重雄　五列目：熊本研一、大西俊夫、濱野孝一、大場八千代、平田義幸

生死を分けた線

こうして、九〇〇〇人の搭乗員は、運命の朝を迎えた。日の出前の暗いうちに第一次攻撃隊の一八三機が発艦し、真珠湾のあるオアフ島に真北から接近していった。

先頭を行くのが水平爆撃隊の四九機、右後方に続くのが雷撃隊の四〇機、左後方に続くのが急降下爆撃隊の五一機、そしてそれらに覆いかぶさるように四三機の零戦が上空から護衛していた。

七時三〇分にオアフ島の北端

に到達した攻撃隊は、ここから隊ごとに分かれて、進撃を開始した。雷撃隊は高度を下げ、真珠湾に向けて島の西方から侵入していく。この時湾内にはアメリカ軍の艦船が図1のように碇泊しており、事前の取り決め通り、赤城・加賀は湾中央にあるフォード島の東側、飛龍・蒼龍はフォード島の西側の艦船を標的に攻撃態勢に入った。加賀の雷撃隊一二機は、北島隊長機を先頭に一列の単縦陣となって島の南岸を進み、湾の南側で左旋回し、フォード島の東に碇泊する戦艦群に向けて突撃していった。

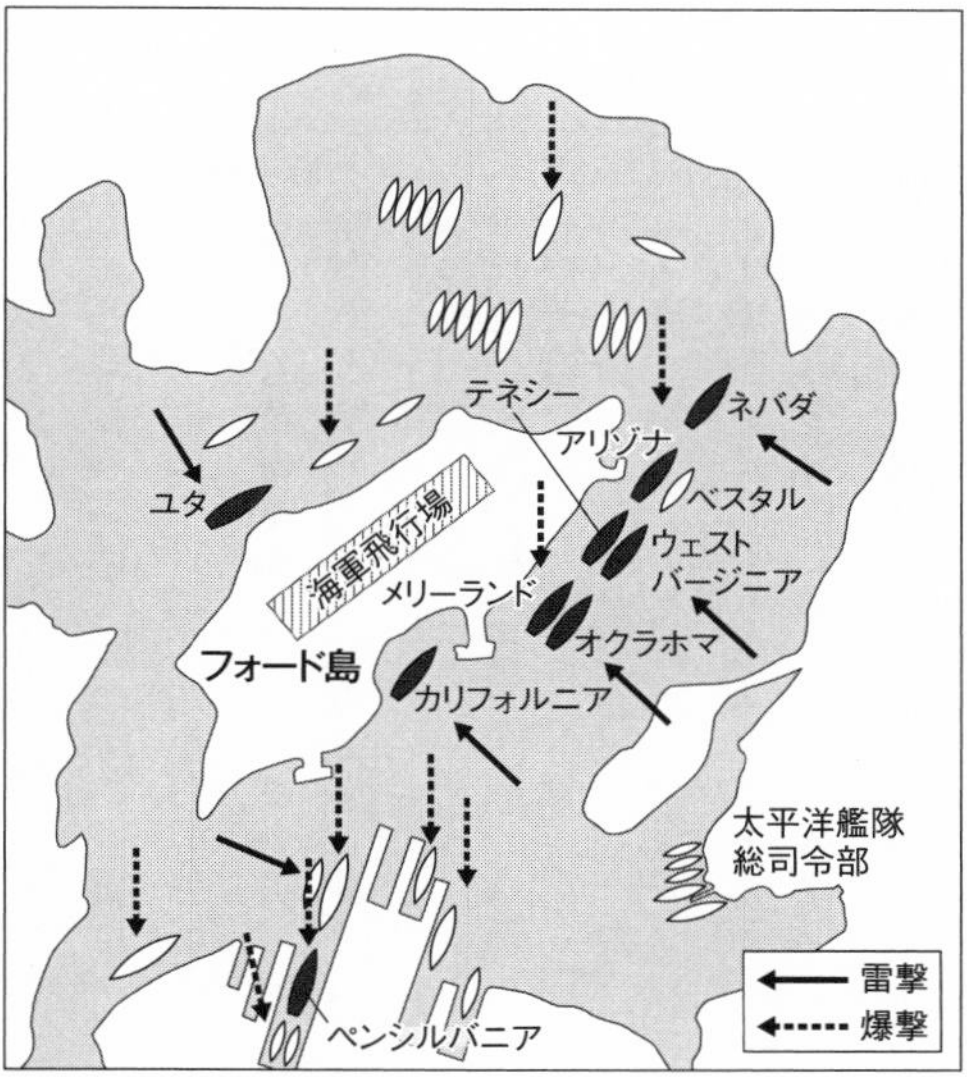

図1　当日の真珠湾内の様子

　東京市ヶ谷にある防衛研究所には、海軍が真珠湾攻撃についてまとめた詳細な報告書が図面とともに残されている。北島大尉機を先頭とする最初の三機は戦艦ウェストバージニアへと向かい、つぎつぎと魚雷を投下していった。

一方その後に続く福田《ふくだ》稔《みのる》大尉以下の三機は、隣に碇泊する戦艦オクラホマに向かっていく。すでにこの頃には、攻撃開始から数分が経っており、戦艦やその周りの軍艦、そして地上施設から対空機銃が応戦を始めていた。その機銃弾により福田大尉の三番機だった収三さんの雷撃機が撃ち落とされる様を、前を飛ぶ二番機の後席に座っていた電信員の川崎光男・一飛兵が目撃していた。

川崎一飛兵は一九四四年一月に内地で殉職しているのだが、同じ二番機の機長でその報告を聞いた吉野《よしの》治男《はるお》さんが戦後に回想している。それによると、収三さんの操縦する機体は魚雷発射直前に被弾し、魚雷を発射するやいなや機首を大きく上げて左に大きく旋回し、沿岸の工廠附近に自爆したとのことだった。米軍側の記録では、吉野さんの証言する地点に艦攻が一機墜落しており、それが収三さんの飛行機だった可能性が高い。

四〇機の雷撃機のなかで、真っ先に攻撃した赤城隊は一機も失うことなく空母に帰還したが、続いて攻撃に入った加賀隊の一二機は、半数近い五機が撃墜され、一五名が戦死した。特に、撃墜された五機は収三さん以降の七機に集中しており、攻撃開始からわずかの時間でアメリカ側が強力な反撃を始めていたこと、戦場において一分一秒の違いが生死を分けることとなり、その残酷な線が、北原機とその前を飛ぶ二番機との間に引かれてしまったということを物語っている。

遺族に送られた戦死通知

二〇二一年夏、一通の戦時中の書簡がネットオークションに出品されているのを見つけた。それは、収三さんと同じ加賀艦攻隊の一員で、同じく真珠湾で戦死した梅津宣夫さんの遺族に送られた戦死通知だった。六頁の写真で、後ろから二列目、右から三番目に写っているのが、梅津さんだ。

防衛研究所に保管されている真珠湾攻撃隊の戦死者名簿によると、梅津さんは山形県酒田市の農家の出身とのことだった。出品しているのは業者だったことから、梅津さんの家族の誰かが長年持っていたものを手放し、最終的にオークションに流れてきたのだろうと思われた。

入札する人は他に誰もおらず、数日後に届いたその書簡には、北島大尉から遺族へのお悔やみの言葉に続いて、戦死の状況が次のように記されていた。

「西方より漸次高度を下げつつ接敵する中
既に島内数箇の飛行場より黒煙天に沖する壮絶なる景色に快心の笑を漏らしつつ

同港口を過ぎ『ヒッカム』上空を低空にてかすめ三時半頃（※日本時間）
港内フォード島東岸に巨体繋留中の敵主力艦に対し快心の攻撃発射を致し候
宣夫君も我々に引続き発射され命中
魚雷の水柱見事に天に奔騰せるを目撃致し候
敵の防御砲火は周章狼狽 乱射乱撃とは云へ
我等進入時は特に熾烈を極め肉迫必中を期したることとて
我が雷撃隊も数機敵弾を被り火を発したるもの有
之宣夫君も平素覚悟の通り
勇猛果敢自爆して最後の攻撃を敢行せられしものと存候

本壮挙は正に皇国の興廃を擔《にな》ひたるものにして
是に参加し得る光栄は何人も切願して止まざる所
武人の本懐是に過ぐるものなく宣夫君としても
米海軍の壊滅を見て莞爾《かんじ》として自爆されしことと存候」

収三さんの元にもこれと同じような通知が分隊長の北島大尉から届いていたはずだが、

残念ながら、収三さんの兄の孫である太志郎さんの元には伝わっていない。

「最後の御便り」

その代わり北原家には、加賀に残されていたと思われる収三さんの日記とともに、一二月一日に下書きしたと記述のあった、両親への「最後の御便り」を清書したものが残されている。

「ご両親様」という書き出しで始まるこの遺書は、真珠湾攻撃に参加する心情を「武人の本懐これに過ぐるは有りません」「布哇《ハワイ》軍港の華と散るとも我が霊は永久に太平洋の空に生きる」「総てを大君に捧げ今御楯となりて前代未聞の大空襲に参加し活躍するのが（両親への）唯一の御恩報じ」と記すことから始まっている。

遺書の半分近くを占める勇壮な言葉は、もちろん軍人としての建前の要素があるのは確かだが、徴兵で海軍に入団して以来、収三さんはその建前に順応することで厳しい訓練をくぐり抜けてきたわけで、当時の彼の思いの一端を率直に表している言葉だととらえるべきだと思う。

一方、その後に続く言葉は、それまでの勇ましい慣用句から唐突に変わって、本来自分が生きていたはずの世界を懐かしみ、叶うことならそこに戻りたいという心情を、飾らない言葉で表している。

「静かに瞼《まぶた》を閉じれば幼なき頃よりの事が僧《ママ》馬灯の如く浮んで来ます。兄弟さろ《ママ》って通学した学校姿、又は両親と共に楽しく働いた果樹園の下、夢の如く廻って来、又去って行きます。只一つ去り得ない大なる御両親の御自《ママ》愛其の中に嬉々として育った自分は何んと幸福者でありませう。苦しい時悲しい時常に御両親の御姿を目に浮べ精励して来ました。今出動に際し何一つ思い残す事なく元気一振《ママ》で行けるのも御両親様の為と深く感謝し厚く御礼申し上げます。

向寒の折、益々御健康に御留意なされ御暮しの程、切に切に希望致します。末筆なれど、兄上姉上様弟等皆に元気で活動する様御伝え下さい。

攻撃出動に際し　收三」

一九一八年に生まれた收三さんの人生は、軍隊に入る以前から、時代に翻弄され通しだった。田畑山林を持つ裕福な農家に生まれ、尋常小学校を卒業後、一九三〇年に旧制飯田中学へ進学したものの、直後に退学を余儀なくされている。一九二九年にアメリカで始まった世界恐慌の影響で生糸の価格が暴落し、翌年には米の大豊作で米価までもが暴落したことで伊那地方は大きな打撃を受け、知人の借金の保証人になっていた北原家もまた、財産を差し押さえられたためだった。

中学を退学した收三さんは果樹園の仕事を懸命に手伝い、傾きかけた家を再興させ、家屋敷を取り戻すまで両親を支えている。そうして一家の暮らし向きが上向いてきたなかでの徴兵、そして戦死だった。

收三さんが最後に故郷に帰り、家族とともに過ごしたのは真珠湾攻撃の少し前、八月中旬と九月上旬のことだった。八月は茨城県の霞ヶ浦に、九月は神奈川県の横須賀に飛行機を取りに行く任務があり、列車で移動する途中に故郷に立ち寄ったのだ。八月は一泊二日と慌ただしかったが、九月は二泊し、二十世紀梨の出荷の手伝いをしたり、地元の青年団と飲み明かしたり、最後の晩は家族で水入らずの夕食を取ったりしている。

八月の帰省時に家の庭先で撮影した写真が、收三さんと家族がともに写った最後の写真となった。收三さんは飛行服に身を包み、穏やかな笑みで写っている。その表情は、どこ

北原收三さん帰省時の家族写真

となく誇らしげに見える。

大学生の時に收三さんの日記を蔵で見つけ、以来、日記を熟読し、北原家にしみついた收三さんの記憶と向き合いつづけてきた太志郎さんは、その人生をこう読み解いている。


【太志郎さん】

「私、この日記を読んでいて、彼は三つのものに目を向けていたのかなということを感じました。

一つめは、一緒に訓練をする仲間たちですね。技術を上げて、作戦を全うしていくのだと。そのために日々努力して精進をしていくのだと。

二つめは、自分の心を磨いていく、修養していくということ。自分の内面をすごく大事にしていた人なのかなと感じました。

そして三つめが両親、故郷ですね。ここに対する思いというのが節々に出てきています。最後、真珠湾に向けて自分の心のすべてを集中させていくなかにあっても、両親、故郷に対する思いが、おそらくそれまでと変わらずあって、何かそこを一つよりどころにして、彼は一二月八日に向けて行ったのかなというのをすごく感じました。

世紀の一大作戦とも言っていますが、そこに向けて、周りもそういった雰囲気になっていくなかで、自分の身近なもの、大切にしているもの、両親・故郷に対しての思いというのは、どこかでやっぱりうち捨てていかないと、そういったところに向かっていけないのではないかと思うんですね。

でもそれを失わずに、親に対して感謝の気持ちを忘れずに、そんな状況のなかでも遺書というかたちで丁寧に書き綴っているというところが、心を鍛錬してきた強さというか、優しさというか。状況に飲み込まれずに、大事にするものに最後まで目を向けていったところに、修養を果たした彼の一つの姿があるのかなと感じますね」

消息を絶った搭乗員たち

真珠湾に向けて出撃したが帰らなかった、五五人の搭乗員たち。大半は攻撃目標の近くで撃墜され戦死したと考えられているが、なかには、母艦の近くまで到達しながら、消息を絶った隊員もいる。

「翔鶴」から出撃した九九艦爆に乗る岩槻国夫と熊倉哲三郎のペアは、無線の発信を求める電報を母艦に打ち、結局たどりつけずに消息を絶った。

当時の日本海軍の艦載機には「クルシー」という無線帰投方位測定器が搭載されていて、無線の電波が来る方向を探知することで母艦にたどりつけるようになっていたが、それは同時に敵に日本艦隊の位置を知らせることにもなるため、真珠湾攻撃の際は、近海にいるはずのアメリカ空母からの反撃を恐れて無線封鎖が行われていた。

母艦を出撃する際、搭乗員には出撃後の艦の針路があらかじめ知らされており、攻撃終了後は母艦が進んでいるであろう方向に向けて帰投していくことになるが、大海原のなかのわずかな一点にすぎない母艦を探し出すのは容易なことではなかった。

特にそれは、一人乗りの零戦の場合、ナビゲーションをする専門の偵察員がいないため困難をきわめた。「蒼龍」から出撃した第二次攻撃隊の制空隊の一員である石井三郎がこの日、同様の運命をたどったと考えられている。

一方、第一次攻撃隊の制空隊として出撃し単機帰投中だった、同じく蒼龍の田中平《たなかひとし》は、母艦を見つけられず自爆を覚悟するが、ちょうどその時、遠くの空にハワイに向けて飛ぶ第二次攻撃隊を発見し、彼らがきた方向へと針路を取ったところ母艦を発見できた、と手記にある。着艦した時、ガソリンの残量は四リットルだけだったという。

　空母に配属された搭乗員の運命は、戦闘の生き死にだけでなく、常に紙一重だった。そしてこのような悲劇は、太平洋戦争を通してくりかえされていくことになる。

第二章　海軍の「至宝」と呼ばれた男

一年以内の戦死者が半数弱

真珠湾攻撃を終えた日本艦隊は、すぐさま日本へと引き返し、年末には各艦がそれぞれ港に帰港している。隊員たちは束の間の休息を楽しむことができたが、長くは続かなかった。年明けには再度出撃し、イギリス、オランダ、オーストラリアなどの各国が拠点としていた太平洋各地の植民地を攻略していくことになる。

真珠湾攻撃に参加した隊員たちは、その後どのような運命をたどっていったのか。戦死者数の推移を見てみると、意外な事実が見えてくる。予想では一番犠牲が増えるのは、日本が絶望的な状況に追い込まれていく一九四四年以降なのではないかと考えていたが、実際は大きく違った。現在僕が把握している八七一人の隊員の半数弱にあたる四〇六人が、一九四二年一二月八日までに姿を消していたのである。

最初の死者は事故死。真珠湾攻撃の翌日のことだった。この日も艦隊上空では、敵の攻撃に備えて主に零戦が警戒に当たっていたのだが、そのうちの一機が着艦に失敗して海に転落し、搭乗員が死亡している。蒼龍から飛び立った野村栄良・三等飛行兵曹。甲飛四期出身の野村さんは、真珠湾攻撃の直前に配属されたばかりの若い搭乗員で、真珠湾攻撃当日も攻撃隊には名を連ねておらず、艦隊の上空直衛にあたっている。

選抜試験をくぐり抜けて予科練に入り、厳しい訓練を経て真珠湾近海までやってきた彼は、沈みゆく飛行機のなかで、何を思ったのだろうか。蒼龍の戦闘行動調書によれば、戦死したのは日本時間の一二時三〇分すぎ。現地では夕暮れを迎えようとする頃だった。

撃墜された「水平爆撃の名手」

さらにおよそ二週間後の一二月二二日、同じく蒼龍から、真珠湾攻撃後の最初の戦死者六人が出ている。場所は、真珠湾と日本のおよそ中間に位置するウェーク島だ。

開戦当時はアメリカ領だったが、日本軍が攻略を進めており、真珠湾から帰る途中の六隻の空母のうち、飛龍と蒼龍の二隻が増援に向かっていた。アメリカ軍の地上施設を爆撃するため、二一日には飛龍から艦爆一五機と零戦九機が、蒼龍から艦爆一四機と零戦九機が攻撃に向かい、一機も失うことなく帰還している。

だが、この日の戦闘が、翌日の悲劇を招くことになる。ウェーク島を守るのはわずか数機の戦闘機のみと判明したため、翌二二日は、二五〇キロ爆弾しか積めないが敏捷な艦爆に代わり、鈍重にはなるが八〇〇キロ爆弾を積める艦攻が出撃。飛龍から一六機、蒼龍から一七機が攻撃に向かったが、これを護衛するのは、各艦三機ずつの零戦のみだった。

そして、島の上空に到達した攻撃隊が四〇〇〇メートルの高度で爆撃針路に入った瞬

飛龍零戦隊				蒼龍零戦隊			
1番機	岡嶋清熊	大尉	海兵63	1番機	藤田怡與蔵	中尉	海兵66
2番機	村中一夫	一飛曹	乙飛6	2番機	**高橋宗三郎**	**一飛曹**	**操練30**
3番機	**田原　功**	**三飛曹**	**操練45**	3番機	岡元高志	二飛曹	操練43

1941年12月22日の直掩機（太字はその後戦死）

間、急降下してきたアメリカ軍戦闘機に襲われ、編隊の先頭にいた二機が瞬く間に撃墜された。

この時、護衛にあたっていた零戦隊六人のうち、四人が生きて終戦を迎えている。そのなかの岡元高志《おかもとたかし》さんに取材をした作家の森史朗《もりしろう》さんに詳細を尋ねたところ、森さんが取材のために岡元さんと交わした手紙を見せてくれた。ウェーク島上空で何が起きたのか尋ねる森さんに対し、岡元さんは以下のように書いている。

【岡元さんの手紙より】
「出発前にウェーキ《ママ》には戦斗機が二機居り、小艦艇を攻撃している、常に上空に占位しているからよく気を付ける様に注意されていましたが、三機直衛機が行ったのは敵機が二機と言うのが確《たしか》な情報だったこと、飛龍隊の三機と合せれば味方機は六機で小さなウェーキ《ママ》島上空だったこと等が三機蒼龍から派遣した理由として考えられます。

直衛機としては攻撃隊の上空五〇〇〜七〇〇 米《メートル》 程度の高度差

が必要とされていましたが、出発前の情勢説明のとき敵は六〇〇〇～七〇〇〇米附近に占位しているとの言葉に藤田小隊は断雲を縫い乍《なが》ら六〇〇〇米附近で敵戦斗機を探しているうち、攻撃編隊と高度差が開きすぎて（約二〇〇〇米）、断雲を利して敵戦斗機が（先頭の）佐藤機を攻撃しました。

直接援護の任務と間接援護の任務の差を行動上実施せず、間接援護としての行動を取った為敵戦斗機にスキをつかれたのが本当でせう。心境としましては、直接援護の行動になっていないのでハラハラし乍ら後をついて行った。飛龍隊が撃墜してくれたと聞いていくらか救われた気持でしたが、（佐藤機に乗る）金井さんとは碁の白黒を争う大の仲よしでしたので、今でも御気の毒に思われます」

つまり、攻撃隊を「直接援護」するため爆撃隊の真上にいなければいけない戦闘機隊が、爆撃隊から離れて敵の戦闘機を撃墜することで「間接援護」しようとしたため、その隙をつかれて撃墜されたということで、真珠湾攻撃で初陣を飾ったばかりの藤田怡與蔵《ふじたいよぞう》中尉は蒼龍に帰艦したのち艦長から厳しい叱責を受けることになるのだが、その損失は取り返しのつかないものだった。

撃墜されたのは巻末の表の九一番から九六番までの搭乗員なのだが、特に編隊の先頭で撃墜された佐藤治尾《さとうはるお》（操縦）―金井昇《かないのぼる》（偵察）のペアは、「日本海軍の至宝」とまで言われた水平爆撃の名手で、四〇〇〇メートルもの高度から地上の目標に爆弾を命中させることができる技量の持ち主だった。

海軍では、アメリカとの戦争を見据えて、地上の対空砲火を受けにくい高さから爆弾を投下し、敵艦や陸上施設を破壊する「水平爆撃隊」の育成に力を注いでいた。高速で飛行しながら、気流などの諸条件を計算に入れ、なおかつ洋上の軍艦を狙う場合は敵の動きも勘案しなければならない。九七艦攻の真ん中の席に座る偵察員が胴体の真下にとりつけられた照準器をのぞきこみながら狙いをつけ、操縦員に指示を出し、両者の息を合わせて爆撃針路に入って偵察員が爆弾の投下索を引く、という仕組みだった。

水平爆撃隊は五機もしくは九機で一つの「中隊」となることが多く、先頭を飛ぶ「嚮導機《きょうどうき》」の投下に合わせて残る四機ないし八機が爆弾を投下し、まとまって落ちるうちの一発でも目標に命中すればよいという考えだった。

真珠湾攻撃では、赤城から三中隊一五機、加賀から三中隊一四機（※）、蒼龍・飛龍から二中隊一〇機ずつ、瑞鶴・翔鶴から三中隊二七機ずつの水平爆撃隊が出撃しており、計一六機の嚮導機がいたことになるが、彼らは何ヵ月も前から部隊を離れて特別な訓練を施され、選抜された者たちだった。

なかでも佐藤―金井のペアは、特に艦隊中に名が知れわたっていたという。真珠湾攻撃後に海軍が作成した分析記録を見てみると、金井さんらの蒼龍第一中隊は五発の爆弾を投下し、戦艦テネシーとウェストバージニアにそれぞれ一発ずつ命中したと認められている。ちなみに戦艦アリゾナが爆発する瞬間を地上から捉えた有名な映像があるが、アリゾナには加賀の第二中隊と飛龍の第一中隊の爆弾が命中したとされている。

※加賀の水平爆撃隊も本来は一五機の計画だったが、内地を出撃する直前に着艦に失敗して破損した機があり、補給が間に合わなかったため、一機少なくなった。

山本五十六からの手紙

悲劇的な死もあいまって伝説的に語り継がれる金井さんとは、どのような人だったのか。同じく蒼龍の艦攻隊に所属し、真珠湾攻撃には雷撃隊として参加していた吉岡政光さんに尋ねてみたところ、職人気質で控えめな性格について語ってくれた。

【吉岡さん】

「金井さんという方はおとなしい方で、いるかいないかわからないような人でした。無口で、めったに話をしないような。色の白い男でね。目立たない方でしたね」

二〇一九年六月、僕は、長野県中野市（旧高丘村《たかおか》）にある金井さんの生家へと向かった。遺族名簿をたよりに手紙を出したところ返事があり、昇さんの遺品を見せてもらうことになったためだ。

出迎えてくれたのは、昇さんの甥の妻にあたる美恵子さん、そして美恵子さんのふたりの子ども。昇さんが生まれた頃から建っているという茅葺の家に上がると、三〇畳ほどはあろうかという大広間の奥に置かれたテーブルの上に、昇さんの遺品がびっしりと並べられていた。

昇さん宛に届いた手紙や、昇さんから両親や兄弟に宛てた手紙、写真、名刺、そして身につけていた品々。昇さんの死を悼んだ両親が大切に保管し、それが、昇さんの兄で長男の汲次《きゅうじ》さん、さらに息子の文司《ぶんじ》さんに受け継がれ、文司さん亡き今、妻の美恵子さんたちが大切に保管しているのだという。

美恵子さんは、奥の部屋から、何本かの掛け軸を出して見せてくれた。そのうちのひとつは、真珠湾攻撃の二ヵ月前に行われた爆撃技術大会で優勝した昇さんに、連合艦隊司令長官・山本五十六から贈られた掛け軸。そしてもうひとつは、昇さんが戦死したのち、同じく山本大将から両親に送られた手紙を表装したものだった。

その手紙には「航空界の至宝」と昇さんをたたえ、その死を悼む言葉が、達筆な字で丁寧に綴られていた。

時間をいただき、机を覆うように並べられた遺品ひとつひとつに目を通させてもらった。どの品からも、昇さんの存在を決して忘れまいという金井家の人びとの思いが伝わってきた。ところがひとつだけ、そこにあってよいはずのものがなかった。几帳面だったという昇さんが、戦死する直前まで書いていたという日記帳だ。

戦後にまとめられた資料に掲載されていることから存在自体は知られており、おそらく兄の汲次さんが保管していたと想像されたため、金井家を訪ねるにあたり見せていただきたい旨を伝えてあった。

「遺品をまとめてあった場所からは、いくら探しても見つからなくて……。もしかしたら蔵のなかにしまい込まれているのかもわかりませんね」という美恵子さんに、「いつか機会があったら探してみていただけませんか」とお願いし、金井家を後にした。

昇さんの日記帳をぜひ見させてもらいたいと思ったのには、当時の搭乗員の心情をなるべく詳しく知りたいという以外に、もうひとつ理由があった。それは、金井さんの戦友で、最後の出撃の際に零戦で護衛していた岡元高志さんのことを作家の森史朗さんに取材した時のこと、森さんは僕にこのように教えてくれた。

「岡元さんの話では、どうも金井さんには同郷の許嫁《いいなずけ》がいたらしいんだ。胸のポケットから取り出した写真を見せながら『この作戦が終わったら、結婚する』と言っていたらしい。僕はそれ以上たどれなかったんだが、どうも気にかかっていてね……」

念のため、昇さんの婚約のことを美恵子さんに尋ねてみたが、そのような話は何も聞いていないとのことだった。結婚を間近に控えていた搭乗員が、いったいどのような思いで真珠湾攻撃を迎えていったのか。金井さんの日記を読み解くことができれば、戦争の時代を生きた男と女の姿がそこからうかがえるのではないかと思ったからだった。

発見された日記

それから二年が経った二〇二一年の夏、美恵子さんからの連絡を受け、僕は再度、金井さんの生家へと向かった。「蔵のなかを大捜索したら、日記らしきものが見つかった」のだという。

大広間のテーブルの上には、二冊の日記帳が、それぞれ箱に入った状態で置かれていた。取り出してみると「昭和一五年」「昭和一六年」と書いてある。日記は二年間にわたり一日も欠かすことなく綴られていた。そして、昭和一六年の一二月二一日の記述を最後に、日記は主を失い、永遠の空白となっていた。

一二月二一日　晴

昨夜九時過 突然●●攻撃を下令された
直に総員起床配置に就く
飛行科整備科員総掛《そうがか》りで攻撃の用意を開始
吾々の艦攻隊も張切って投下器装備を始めたりしも
目標は敵飛行艇にて艦爆隊に攻撃命令が下り吾々は待機となる
母艦は昨夜終始●●●●●●に猛進せるため艦の震動多く充分熟睡出来ず
加ふるに今朝〇一三〇（日本時間午前一時三〇分）総員起床なりしため今日一日は兎角《とかく》眠気が致したり
午後明日の攻撃用意を令せられ
種々準備をなし格納庫内にて爆弾の搭載を終る
相当睡眠不足のところへ猛烈に働きしため疲れたり。
今日の艦爆隊の攻撃は敵飛行艇は居らず　防御砲火も稀なりし由《よし》

防衛研究所に残る蒼龍飛行隊の戦闘行動調書によれば、金井さんらの乗る九七艦攻は、翌二二日の日本時間一〇時三一分（ウェーク島の現地時間では一四時三一分）、アメリカ軍戦闘機の銃撃を受け、炎に包まれ墜落していったとある。

日記は金井さんの死後、内地に寄港した蒼龍から他の遺品と一緒に下ろされ、家族の元に送られたのだろう。日記にはところどころ墨で塗りつぶした形跡があり、機密が漏れることを恐れた海軍が遺族に渡す前に処置したと考えられる。●としたのがその部分で、大まかな文字数を●の数で反映させているが、あくまで推測のため多少の誤差はあるかもしれない。

内地を出港して一ヵ月近く航海を続け、さらに真珠湾攻撃を経ているせいもあってか少し疲労があるようにも見受けられるが、丁寧で几帳面な字で書きこまれており、翌日の死を予感させるものは何もない。

海軍の人事制度への不満

金井家から日記帳を拝借し、その心の軌跡をたどっていくことにした。するとこれまで「爆撃の名手」という言葉のみで語られてきた昇さんの、複雑な胸の内が浮かび上がってきた。真珠湾攻撃が行われた昭和一六年、新年早々から、それは読み取れる。

一月二日　曇　着艦訓練

「吾は陛下の赤子なり」
紀元二千六百年を送り、新年を迎うると共に斯《そ》の感を深うし、奮励を誓った
去年の後半は兎角《とかく》するとなんとなく面白からざる気分に
心情を支配さる事少なからざるものありたり
海軍と言うものに対する気持も温当《ママ》でなかった
一種の歪《ゆが》んだ気性を持ち易《やす》い秋《とき》も少なくなかった
だが然《しか》し新年を迎うと共に断然気分は変った
飛行場の真只中で祝賀会の酔いを春風に心持良く寝て居ながら
吾が頭上に一種の閃《ひら》めきがおこり
日本人の自覚 自己の進むべき指針 正しい観念を得た、
分隊長によってヒントを得たんだ
今迄の迷いの雲を払はれたのだ 目覚めたのだ
要するに與《あた》へられたところは陛下の御為に盡《つ》くすべき場所であり

神の裁きによって其処で御奉公致すべき運命にあるのだ
不平不満それもとより言うべからず、ただ陛下の御為につくすべく
陛下より與へ給うたるところに従って最善を致すべきなり
怠るは申譯《もうしわけ》なし　ただ陛下の赤子として真心を以て仕へ奉るのみ。

この一日の記述からまず読み取れるのは、金井さんが海軍に対して不満を抱いていたということ、そして、天皇陛下のため身を捧げるという大義を自分に言い聞かせることで、その葛藤を乗り越えようとしていたということである。

金井さんが抱いていた「穏当でない気持ち」の源はどこにあったのか。日記を読み解くなかで浮かび上がってきたのは、海軍の航空機搭乗員をとりまく複雑な人事制度だった。

すでに説明した通り、当時海軍航空隊の搭乗員に選ばれるには、いくつかの道があった。ひとつ目は、エリート士官を養成する「海軍兵学校」を卒業した後、いくつもある兵科のなかから搭乗員に選ばれること。ふたつ目は、少年飛行兵（飛行予科練習生・通称「予科練」）に志願すること。三つ目は、志願や徴兵で海軍に入った後「操縦練習生」や「偵察練習生」に選ばれること。少年飛行兵は、応募に必要な学歴が高等小学校卒（誰でも進学できる中学校）か、旧制中学校（入学試験が必要な中学校）以上かで、「乙種飛行予科練習生（乙

飛）」と「甲種飛行予科練習生（甲飛）」ふたつに分けられていた。

人事的な話をすれば、進級が最も早いのが「海軍兵学校卒」、次が「甲飛」で「乙飛」が続き、最も遅いのが一兵卒から叩き上げの「操縦練習生」と「偵察練習生」だった。

金井さんは、人生の活路を求めて海軍に志願し、「偵察練習生」に選ばれ、搭乗員としての頭角を現していった人物だった。

次第に余人をもって代えがたい爆撃技術を身に着けていった金井さんにとって、そんな海軍の人事制度は、受け入れがたいものとして映っていた。搭乗員としての技量は自分が上なのに、「乙飛」「甲飛」「兵学校」の方が進級は早い。その現実が引き起こす葛藤に常にさいなまれていた。

偵察練習生時代の家族写真（後列左より 兄・汲次さん、昇さん、弟・三郎さん。前列左より 父・乙之亟さん、母・喜久枝さん）

金井昇さんは、一五歳だった一九三四年六月に海軍に志願していたため、一九四一年の年初当時すでに六年半が経っていた。入隊から六年半が経つ頃には、兵学校卒なら中尉、甲飛なら飛行兵曹長、乙飛なら一等飛行兵曹まで進級しているはずだが、金井さんはまだ二等飛行兵曹だった（※）。

※一九四一年六月の名称改正以後の呼び方に便宜上揃えている。

当然この階級の差は、待遇の差、給料の差となって現れてくる。海軍の場合、志願兵の満期は一〇年間なので、そこから先は海軍に残るか除隊するか道が分かれてくるのだが、金井さんの場合、一九四四年に迎える予定だった満期以降も海軍に残ろうという気持ちは希薄になっていたようだ。前年の日記からすでに、「早く出してもらひたくとも義務年限があるので出る事も出来ない。居てもなかなか進級しない」「海軍の制度も変ってもらひたい。そしたらもっともっと兵員の向上心も強くなり海軍の風紀も良くなるであらうに」（一九四〇年一二月一三日）などの愚痴が書かれている。

金井さんは、一九四一年一月五日に蒼龍を離れ、横須賀航空隊に水平爆撃の訓練のためにやってきたが、「俺のペアなんか一番張切《はりき》って居ない」（一月六日）、「明けても暮れても一も二も訓練又訓練の艦隊生活（略）少しは人間並みの生き方をしたい」（一月一五日）、「高高度水平爆撃の困難さを益々感ずるのみだ。何が因果で斯う難しい仕事を負はされたのか」（一月一六日）と、訓練にも身が入っていない様子がうかがえる。

持ち込まれた縁談話

そうしたなか、探していたその記述は突如現れた。森史朗さんが教えてくれた「婚約」にまつわる話だ。

一月一九日　晴
元の分隊士、雨宮特務少尉から
山岸さんところの娘さんとの縁談を持ち込まれた
全然予期しない事ではないのであまりあわも喰はなかったが
あまり急な話でいささか面食った
今直ぐ結婚と言う訳にも行くまいから約束だけしておいては
と言う様な話だったが俺ははっきりした返事はしなかった
山岸少佐は同郷出身故を以てこの縁の緒口となったのだし
あそこの娘さんは家庭も良いし悪くないだらう
けれども　二、三年たって吾が身の振り方が決まったときでないと
はっきりした事も言へない　海軍に永く居るとしたら

相当理想的かもしれないが　満期でもとれる時代が来て
叔母さんの方にでも行く様になりや　やっぱりあの町の人が良いし
未だ未だ決まらない
まあそれだけ思ってもらへるだけでも有難いが

ここにある「雨宮特務少尉」とは、爆撃術の第一人者と言われた雨宮英雄少尉のことを指す。日中戦争が始まった直後の一九三七年一〇月に通信社の同盟通信が発行した旬報には、「爆撃に殊勲を樹てたのは、我が海軍爆撃の名手で南京、南昌、廣東等十数回に亘る重任を果して名声赫々たる雨宮兵曹長その人であった」と記されていて、爆撃偵察員として金井さんの大先輩にあたる。

ちなみに「特務少尉」というのは、海軍兵学校の生徒が卒業と同時に少尉に任官するのとは違い、長い年月をかけて叩き上げで進級してきた者に使う言葉である。

防衛研究所にある「海軍特務士官准士官名簿」には、雨宮さんは一九二一年に一七歳で海軍に志願し、その後航空兵となったという経歴が書かれている。金井さんにとって自らのキャリアと重なる部分が大きいという意味で、特別な存在だったただろう。

金井さんは一九三九年から水平爆撃の特別講習を受けるため雨宮少尉が教官を務める横

須賀航空隊に何度も来ており、「蒼龍」が横須賀を母港にしていた関係もあり、その後も交流が続いていたようだ。

一方の「山岸少佐」というのは、雨宮少尉と同じく横須賀航空隊の教官を務めていた山岸惣四郎少佐のことで、出身は金井さんと同じ長野県、こちらも叩き上げで少佐にまでなった人物だった。一九〇八年、一九歳で海軍に志願して地道にキャリアを積み、優秀な兵曹長などに兵学校に準じる教育を施す「海軍兵学校選修学生」の三期生に選ばれて佐官への道を切り開いていった苦労人だった。

金井さんの一九四〇年の日記には「横空で山岸少佐に会ったら、盛に遊びに来い来いと言はれた（一一月一七日）」とあり、それ以前にも既に二回山岸家を訪ねているらしく、同郷の優秀な後輩として目をかけられていたことがうかがえる。そして、女学校を卒業したばかりの長女の允子《みつこ》さんの結婚相手として、名が挙がったのだった。

華やいだ時間

戦死した年、金井さんに縁談が持ち上がっていたというのは、確かに実在した出来事だった。その允子さんとの縁談は、戦争へと向かう時局に幾重にも翻弄されながら、進んでいくことになる。

雨宮少尉から縁談をもちかけられた翌日、横須賀航空隊で講習を受けていた金井さんらに、急遽それぞれの母艦に帰るよう命令が下る。

岩国基地に降り立ち呉軍港に寄港中の蒼龍に帰艦した金井さんは、「蘭印か仏印あたりに行くのだらう」（二月二一日）と臨戦準備を整えながら台湾近海まで進出していく。そして三月二日、昭和一三年に急降下爆撃隊の一員として参加して以来となる中国大陸での爆撃任務につき、台湾東方の海域で演習をおこなったのち、三月二五日、再び横須賀へと戻ってきている。この間、日記には、縁談のことは特段肯定的にも否定的にも書かれていない。

そして久々の休暇が与えられることになったため、「一升瓶を下げて行って父親を喜ばしてやらう」（三月二六日）と書いた翌々日、上野発の夜行に乗って長野の実家へと帰省し、家族の歓待を受けて四月七日までおよそ一〇日間滞在している。

結果的には金井さんにとってこれが最後の帰省となるのだが、季節外れの大雪で銀世界となった故郷を見て「故郷の雪は又格別だ。懐しい眺めだ。自然の偉大なる芸術だ。総てのものを皆白色に包んでしまう偉大さ、何物をも差別をつけない度量の大きさ。吾々人間にも斯《こ》んな大きな心が欲しい」（四月二日）と感じたことも何か影響を与えたのだろうか、山岸さんとの縁談の件を両親に相談し、「老親様の方が乗気になられ」（四月六日）たことにも背中を押されて、横須賀に戻った翌日の四月九日、横須賀航空隊の雨宮少尉を訪ねて、縁談承諾の旨を伝えている。

じつは、事ここに至っても、金井さんの日記の書きぶりからは、高揚した気持ちはあまり伝わってこない。「海軍に対する希望を失ひかけ、其の日其の日を無意義に送って居る昨今の自分はどうしても気分も塞ぎ勝だ」（四月二五日）とあり、将来の見通しが立てられないことが依然金井さんの心に影をさしているように感じられるが、昭和天皇の誕生日である四月二九日、外出が許され、雨宮少尉とともに山岸家を訪れて正式に婚約の運びとなったのを機に、金井さんの気持ちは少しずつ明るさをみせていくようになる。

そこには、允子さんという女性が果たした役割がとても大きく感じられた。こののち、爆撃訓練のため横須賀航空隊にいた六月までの間、金井さんは折に触れて山岸家を訪れ、その気持ちは允子さんに向かって急速に近づいていく。

　五月一〇日　曇
　四時半位に山岸さん宅にお邪魔致し
　進級祝ひ（※）と小生の誕生日を兼ねてお酒まで御馳走になり
　おいしく夕食事を頂戴し　いろいろ雑談して九時半頃辞す

みっちゃんもだんだん好きになって来た様な気がする
（※金井さんは直前の五月一日、一等航空兵曹に進級した）

六月八日　晴
素晴しく良い天気だ
山岸さん方で一夜を明し　揃って楽しく朝食をいただいて
子供さんと遊んだり父母や允子さんと話したりして居たが
お母さんもおっしゃって下さったので
允ちゃんと利雄さんと三人で衣笠城跡に散歩に出掛ける

允ちゃんも家に居るときよりもいろいろ良く話す
二人の仲はもうすっかり打解けて　いろいろの事について良く話し合った
山上の青葉の中でサイダーをいただいたのも美味しかった　楽しかった
知らない人が見たら夫婦仲と思ったかも知れない

六月一一日　曇雨

（※前日に山岸家に遊びに来て、そのまま宿泊）
四時三十五分にお母さんに蒲団の端を揺られて目を覚す
それから家の子供さんも皆起床だ
一寸《ちょっと》顔を洗ってから皆さんに送られ名残を惜んで
山岸さん宅を辞す　子供さんも皆玄関まで送ってくれ
父母と允子さんは門の外まで見送られた　恐縮する位、
允ちゃんの、お元気で行っていらっしゃい、お無事のお帰へりを
お待ちして居りますと優しく言ってくれたあの言葉が
何時までも耳の底に残って居る
なんだか嬉しいものだ　晴々とした気分で朝の出勤
こんなに楽しい気分で帰隊した事はかつて無い事だ
最初はあまり允子さんとの話にも気乗りしなかったが
斯うしてだんだんと好きになって行く様に思へる
一人の若い婚約者は　どれだけに大きな精神的糧を
與《あた》へてくれる事であらうか

後から考えればおそらくこの時が、金井さんが人生の終わりを迎えることになる一九四一年のなかで、もっとも華やぎを見せた瞬間だった。日記の文面は、かつてない幸せな気分で満ち満ちている。もう少しこの時間が続いていたら、と思わずにいられないのは、允子さんが「お無事のお帰へりをお待ちして居ります」というように、当初は八月までと予定されていた横須賀航空隊での金井さんの講習が急遽切り上げられることになり、金井さんは蒼龍での艦隊勤務に戻ることになったからだった。

「遠慮し諦める事にしませう」

しばらく日記は蒼龍での記述が中心となるに違いなかった。急速に距離を縮めていったふたりの様子から考えて、真珠湾攻撃までのおよそ半年間、順調に関係を築いていったのではないかと期待し、日記をぱらぱらとめくっていったところ、真珠湾攻撃の一ヵ月前、一一月八日と九日、二日分のスペースを使い、細かな文字で書かれている箇所が目に留まった。毎日、決められた箇所に几帳面に書き込んでいる金井さんにしては珍しいなと読んでみると、驚きの内容が書かれていた。

新しい飛行機を受領するために鹿児島の笠之原基地から茨城県の霞ヶ浦航空隊へと汽車で向かっていた金井さんが、東海道線の大船駅で允子さんと母親と落ち合った時のこと。

ふたりの間には、別れ話が持ち上がっていた。

一一月八日
六時大船着の先日の速達に依って
山岸様奥さんと允ちゃんが待合で待って居てくれた
大船の寒いのにいささかびっくり
未だ薄暗いところ早く出て来ていただき誠に御苦労だったと思ふ
未だ早く人も起きて居な（い）ので裏の丘の観音様の側でいろいろ語り合ふ

いろいろお話致し　それでは一そうの事この話は遠慮し諦める事にしませうかと
奥さんが申さるるので　それならばそれで私の方は差支《さしつか》えないと言ふ事になり
お別れ致さうとせるもM君承知せず
時間もなくM君と二人のみで東京あたりまで話してはと提案せるに
鹿児島までもどこまででも行くと彼は言ふ　その強い言葉に奥さんも共にビックリ
若き二人は同席して土浦に至り小生は隊へMは成田山に参詣に行く
落合ふ時間を約しておき午後六時に我孫子駅にて再会

横須賀までMを送るに奥さんが駅まで迎へに来て下さって居た

奥さんよりは餞別、故郷の果実　赤飯弁当を

Mよりは成田山のお守りをいただいてお別れ

最初は「允ちゃん」と書いていたのに、途中から「M君」と書いているあたり、あえて距離を置こうとしている金井さんの心の内が表れているように感じられる。

ふたりを裂いた歴史の歯車

いったいなぜこのような展開になってしまったのか。六月の日記に戻って、読み進めてみると、そもそものきっかけは、ふたりが山岸家の門の前で別れた数日後、金井さんから允子さん宛に送った手紙にあったようだ。

山岸家での楽しい時間から、母艦で自分を待つ海軍の現実に引き戻されたのだろう、手紙に書いてしまったのは、ふたりの関係を前に進める「甘い手紙と言うよりも、彼女の本心と決意覚悟を質」すもので、「海軍に居ても見込みがないし満期をとってから未だどうなるか判らない、それでも良いのならば」（六月一四日）という内容だった。

おそらく允子さんは、驚いたに違いない。しばらく金井さんのもとに返事が届かず、「後で考へてみると少しひどすぎた様に思へる」「あれぢゃ私がまるで允ちゃんを嫌って居るので断ってくれと言はんばかりだ」（六月二一日）と金井さんも反省するのだが、六月三〇日の日記には、返事が届いた安堵の気持ちとともに、允子さんからの文面がそのまま書き写されていた。

【允子さんの手紙】
前略　お手紙にて私の本心と覚悟と申されて居ますが
私になんで不平や不満が御座居《ござい》ませう 決して周囲に推されて無理になど！
私は嫌と云う気持は毛頭持って居ません
孶問《がくもん》と云う事よりも精神第一ときいて居ります
私は何処までも貴男様を心頼《ママ》出来得る方と思って居ります
貴男様も一坦《ママ》御約束をなされた以上はとおっしゃっていただけます
私本当に嬉しいのでございます
頭がない器量もないお仕事も出来ずまだ帯も結ぶ事の出来ない私でも
御面倒みていただけますかと思ひますと心から感謝致します

私の覚悟といたしましてはやはり一度お約束していただきましたのですもの
今后《こんご》どんな事がありませうとも二人で助け合い慰め合って
むつまじく暮させていただきたいと思って居ります
田舎へまいりましても人様のなさる事でしたら
私にも良くは出来ませんでしても まね位は出来るのではないでせうか
貴男様が私の様な者をお嫌かとおっしゃるならば何とも考へ様もございませんけれど
さもなくば 何処までもお約束のまま お願ひ申上げます

七月四日には、ビールを持って山岸家を訪ね、「お母さん達と良くいろいろお話ししたが、私は一度約束した以上信じて居て下さいと固く誓っておいたので、たいへん御安心なさった様」で、「晩には涼みがてらお母さんと允っちゃんと三人で映画に出掛けたが、良い月夜だったので、海岸を月を眺めつつ散歩した」ようだが、もしこの後も何日か一緒に時間を過ごし、傷つきかけた信頼関係を修復することができていれば一一月のような結末は迎えなくて済んだのかもしれない。しかし、歴史の歯車は、ふたりの関係を裂く方向に動いていくことになる。

そこには、「大東亜共栄圏」という経済ブロックの建設をめざしアメリカとの緊張を高めていく日本の政策が大きく影響していた。一九四〇年、ドイツがフランスを占領したのを契機に、フランス植民地の北部仏印（現在のベトナム北部）に軍を進めていた日本は、翌一九四一年七月末、さらに南部仏印への進駐を決定する。そのために空母を中心とする機動部隊が輸送船団の護衛のため動員され、七月一〇日、「蒼龍」もまた横須賀から南方に向け出港していったのである。

七月一六日には、海南島の三亜に入港し、二四日の日本軍の上陸を見届け、八月七日には佐世保に帰港している。その間、「允子の写真も出して眺め」るものの「いろいろ考へて居ると俄《にわか》に責任が重くなる様な気がして」「允子さんの幸福のためには他へ嫁いでもらった方が良いかも知れない」（七月二三日）と、またもやネガティブな思考が頭をもたげている様子が見て取れる。

そしてそれと歩調を合わせるように、絶対的アイデンティティでもあった水平爆撃が極度の不振に陥ったことで、金井さんの苦悩はさらに深まっていく。

八月一五日　晴　爆撃

一日三回高高度まで昇って全精神をこめて爆撃をやって来るとなかなかきついものだ

懸命にやっても　あまり良い弾着を得られないと　いやにもなって来る
何故にこの苦労を……と思うと止めさせてもらひたい様な気分も起きないでもない

八月一六日　晴　爆撃
かつては佐藤、金井の組の爆撃は
日本海軍一であり世界一であるとまで言はれたのであるけれども
最近はあまり好調ではない
去年の暮　●●●●●●●●●●●●●●頃が一番良かった様だ

さらに悪いことは続く。八月一九日には、蒼龍艦攻隊の分隊長である野原泰男大尉と、同乗の岸田新一一等飛行兵曹が、訓練中に九州南方で墜落事故を起こし殉職している。四日後に行われた海軍葬に参加した金井さんは、その日の日記に、「殊に人目をひいて一入《ひとしお》傷ましく思はせたるは故岸田飛行兵曹の未亡人及子供だ。黒衣に身を包んだ若い奥さんと未だ何も判らない幼な子と乳飲子、物珍らしげに喜ぶ姿、場所柄もかまわずに泣きさけぶ子供をみて誰か人たるもの哀れを感ぜんや。世の常、人生のならはしとは雖《いえど》もああ無常なる哉《かな》。ああ搭乗員は急いで妻をもつべきでないと言う気もする」と書き、余白に大きく「允」と書いたうえで、それを消したりしている。
この間、港に寄港した折にしか手紙を出したり受け取ったりできないこともあり、金井さんと允子さんとのやりとりは、型通りの差し障りのない往復の域を出ておらず、親密な関係に発展する雰囲気にはない。それどころか、金井さんは「心配させたりするのは気の毒な様な気もするが、若しもそれ位の事で愛情に疑をもつ様だったら忘れられた方が良い」（八月一八日）という投げやりな言葉すら日記に書いてしまう始末である。

与えられなかった関係修復の時間

そんな気持ちを見透かされたのか、九月上旬、ひさびさに横須賀に寄港した折に金井さんは山岸家を訪ね、そのまま一泊することになるのだが、次の日の朝、思いつめた允子さんの母親が、大胆な行動に出ることになる。

九月一二日
山岸さん宅でお母さんに揺られて目覚める
見ると枕元に座って居られる　そして徐《おもむ》ろに語り出された
允ちゃんとの縁談は私がどうも始めからあまり気乗りして居ない様子だから

あまり気が進まないのだったら将来もどうかと思はれるから
この際破談にした方が良いかも知れん
しかし允子は純な気持で思って居るだらうと言う様な事を涙乍《なが》らに話された
お母さんが斯くまでも御心痛あらせられて居ると思うと全く申訳ない
これは誰の罪でもない　皆自分の不徳の至《ママ》すところだ
允ちゃんでなくては絶対にと言う程まで思っては居ないのだが
いやしくも一坦《ママ》意を決した以上もっともっと積極的と言はうか
少なくともどうでも良いと言う様な言動をなすべきでなかったのだ

だが、允子さんの両親との関係を修復していく時間は、またしても、金井さんには与えられていなかった。いよいよ本格的に日米開戦に向け備えはじめた海軍では、全搭乗員を九州各地の陸上基地に集め、真珠湾攻撃を想定した猛訓練に入ろうとしていた。金井さんもまた、衝撃的な目覚めをしたこの日から、鹿児島北部にある笠之原基地に移動し、訓練につぐ訓練に追われることになる。

そうしたなか金井さんは、一〇月一四日、彼の名を「爆撃の名手」として今にまで残す決定的な契機となる「爆撃競技大会」を迎えることになる。

この日金井さんは、それまでのスランプが嘘のように「無我の境地に入りて爆撃針路に入」り、「神助に依り栄冠を得た」。そして、「遂に第一等の成績を得たり」「重局益々多端なる秋《とき》に当りて吾は更に斯道《このみち》に精進致し神国を護らねばならん」と興奮気味に記している。

このことが、海軍で生きていこうという吹っ切れた思いを、金井さんに与えたのかもしれない。その二日後には、允子さんに対するそれまでの煮え切らない心情とは打って変わった積極的な言葉が、綴られている。

一〇月一六日　晴　爆撃

向うで断られないのだったら断然允ちゃんをもらふ事に決めた

何時までもアヤフヤな態度で居る事は最も悪い事だ　第一向うの方に済まない

海軍を止して叔母さんの方へでも行く様になったら……

とか未だ将来の方針も見通しもつかないから……等取越苦労をし

海軍に居りたくないから田舎で呑気にやりたいなどと

自分の努力を惜しんだ姑息な考へを止めて

こんな時局ではあるし特技のある自分であるから海軍としても出すまいし

今の時局が続くものとみて再び意を決して海軍で頑張って身を立てる事にした

兎に角今迄《いままで》の考へが間違って居た様だ

だが、いくら金井さんが心を決めたとしても、この時すでに允子さんの両親の気持ちは破談へと動いていた。そして、鹿児島の笠之原基地から茨城県の霞ヶ浦へ出張する機会に允子さんに会いたいと金井さんが手紙を出し、待ち合わせをしたのが、先ほど引用した一一月八日の早朝、東海道線の大船駅でのことだった。

そしてこれが、金井さんと山岸家の人びととの永遠の別れとなる。

海軍料亭での大宴会

允子さんとの縁談を諦めた金井さんは、その後どのように真珠湾攻撃の時を迎えていったのだろう。それが垣間見える写真が、新たに二枚見つかった。

ひとつは、鹿児島県鹿屋市の翠光園という海軍料亭で撮影された、蒼龍艦攻隊の写真。蒼龍の艦攻隊に所属する搭乗員は、便宜上ふたつの分隊に分けられていたのだが、これは金井さんの所属する第十二分隊が、真珠湾攻撃に向けて続けてきた猛訓練を終え、蒼龍に収容される前に大宴会を開いた時のものだ。

ちなみに、現在一〇四歳、生存する唯一の真珠湾攻撃隊員である吉岡政光さんはもうひ

真珠湾出撃前の大宴会（1941年11月12日）

とつの第十一分隊に所属していたため ここには写っていないのだが、吉岡さんもまた同じ頃、「海軍に入って最初で最後となる気前のいい大宴会があった」と回想しており、この後間もなく人生を終えることになるかもしれない搭乗員のために各隊で同様の配慮が行われていたようだ。

この写真は、後列右から四人目の鹿《か》熊粂吉《くまくめきち》さんの遺族の手元にあるものなのだが、鹿熊さんがつけたと思われる印がいくつかある。自身につけた○印以外に、×印が六人に見られる。そのうちの一人、前列左から二人目の人物が金井さんであることから、この×印は、ウェーク島上空で戦死した六人ではないかと想像された。

金井さんは、快活そうな笑顔でふたりの仲間を脇に抱えている。ここに写る若者たちはいったい誰なのだろうか。僕は、関西に住む荒井順子さんに連絡を取り、相談してみることにした。

荒井さんは、海軍搭乗員について詳しく調べているひとりで、これまでにおびただしい量の顔写真を見ていることから、誰が写っているかわからない集合写真などがあっても、特定できる力を持っている。

荒井さんの分析によれば、金井さんが右手をかけているのが、同じくウェーク島上空で戦死することになる小紙彰正《こがみあきまさ》さん、左手をかけているのが、一九四四年に台湾沖で戦死する佐藤寿雄《さとうとしお》さんではないかとのことだった。たしかに小紙さんと思われる男性にも×印がついている。

小紙さんは偵練五〇期で金井さんより後輩、佐藤さんは操練二六期で先輩にあたり、「無礼講だった」というこの日の宴会の気分をよく表している。

ちなみに後列右端にいるもうひとりの×印は、金井さんと一緒にウェーク島上空で戦死する、花田芳一さんで間違いないとのことだった。

この写真が撮られた一一月一二日は、金井さんが山岸允子さんと最後の別れをした四日後にあたる。こうした海軍料亭は、しばしば、女性との宿泊もできるようなシステムになっていて、なじみの芸者と最後の夜を楽しもうとする同僚たちを尻目に、金井さんは早々に引き揚げたようだ。

日記には「皆大いに朗らかに愉快になりたり。そうだこの意気、この元気で奮斗するのだ」という言葉とともに、「今晩なども女が誘った。しかし俺はなんだか罪の様な気がして駄目だった。すっかり浮き切らぬ様な寂しい点もあるが、亦何処までも清浄神聖な優越感もある。それを誇とする。あんたの奥さんになる人は幸だ。どんな女にも惹かれないから……と彼女等は言った」と、記している。

階級にとらわれない敬意

そしてもう一枚も、鹿熊さんの遺族に見せてもらった写真。例によって荒井さんと一緒に分析してみたところ、興味深いことがわかってきた。

ここに写るのは、蒼龍艦攻隊の下士官だけ、しかも九七艦攻の中央の席に座る「偵察員」だけではないかという珍しい写真だった。なお※印がついている二人に関しては、他に照合できる顔写真が手元にないため推測である。

一等飛行兵曹から三等飛行兵曹までいるが、その並び方が興味深い。前列には一番階級

蒼龍艦攻隊の下士官偵察員たち（※は推測）
前列左から：加藤一飛曹（甲飛2）、吉岡二飛曹（偵練43）、金井一飛曹（偵練35）、藤波一飛曹（※偵練27）、石井一飛曹（乙飛7）、宗形二飛曹（※偵練43）、田中一飛曹（甲飛2）後列左から：田村二飛曹（甲飛3）、杉山一飛曹（甲飛1）、紺野二飛曹（乙飛8）、安藤三飛曹（偵練49）、大谷三飛曹（偵練49）、佐野一飛曹（甲飛2）、鹿熊二飛曹（甲飛3）

の高い一飛曹が並んでいるが、吉岡政光さん、宗形龍恵さんというふたりの二飛曹が混じっている。中央にいるのは、一飛曹の中でも最も搭乗員としての経歴の古い藤波貫二さんと推測される。その向かって左横に陣取るのは、藤波さんの次に古株の金井さんだ。そしてこの前列中央から広がっていく序列は、「搭乗歴の古さ」という物差しでみると、甲飛一期の搭乗員がひとり後列に立っている他は、基本筋が通っている。

進級の早さが違う「海兵」「甲飛」「乙飛」「偵練」「操練」が入り乱れる海軍の人事システムは、しばしば現場に軋轢を生みだしてきたが、この写真のなかの「偵練」出身者の立ち位置からは、階級にとらわれない敬意と秩序がここには存在していたことを感じさせる。そしてそこには、金井昇という絶対的存在がいたことも、少なからず影響を与えていたのではないかと想像された。

集合写真の後列右端に立つ甲飛三期の鹿熊粂吉さんは、およそ一年後の一九四二年一〇月、ガダルカナル上空で撃墜され戦死することになるのだが、真珠湾からウェーク島までの写真が、一冊のアルバムに綴じられて遺族のもとに残されている。おそらく真珠湾攻撃から内地に帰投した際に粂吉さんが残していったものと考えられるが、そこには、集合写真に添えて、金井さんの死を悼む言葉が書かれている。

蒼龍精神ノ権化ト歌ハレタ　今ハ亡シ金井兵曹
名人ノ域ニ達シタ照準ノ神様　惜シイ金井兵曹ハ今何処
班員カラ一番慕ハレタ懐シイ　人望ノ的金井兵曹ハ亡シ

允子さんの写真のゆくえ

金井さんの日記のなかで、允子さんに関する記述は、以後登場しない。彼らが真珠湾攻撃について知らされたのは、二三日。日記の二二日の記述は全体が墨で塗りつぶされ、二三日と二四日の頁、二七日と二八日の頁は、まるごと破り捨てられている。

ハワイ空襲から戻った後も、爆撃競技大会の直後に見せた允子さんへの気持ちの高揚感のようなものは、何も書かれていない。金井さんの心はすでに、自分に敬意を払ってくれる戦友たちとともに戦争へと向かっていっているように感じられた。

そう考えた時、蒼龍戦闘機隊の岡元高志さんが作家の森史朗さんに語った、「金井さんが女性の写真を見せて、真珠湾から帰ったら結婚すると言っていた」という証言は、いったい何を意味していたのだろうか。そんな岡元さんの証言と合致する記述が、真珠湾攻撃直前に書かれた日記のなかにひとつだけ見つかった。「岡本」とあるが、蒼龍に「岡本」という搭乗員はいないため、岡元さんのことで間違いない。

一一月二九日
戦斗機の岡本兵曹と話したが未だ未だ俺は修養が足りない事を感じた
しかし宗教的の問題を彼氏から先にこの俺のところへ
相談的に話しかけて来てくれる事を嬉しく思ふ
他にこんな話を持ってゆく人が手近に居ないから……と言って来てくれる
岡本君は偉い　俺なんかより幾倍か深く研究し

人生と言うものに確固不抜の精神を持って居る
日頃も極めて冷静に安らかな気持だといふ
それに比し俺などはつまらぬ事をくよくよ考へ過ぎたりして取越苦労をして居る
もっともっと大所高所より達観した気持で居らなくては不可ないと思う
人の偉さは地位や名誉ではない　幸福も仝様《どうよう》だ
心中に溢《あふ》るるばかりの喜びがありや　それが最上の幸福と言ふものだ

岡元さんの記憶がこの時の会話のものだったとしたら、金井さんはいったいどのような思いから、允子さんの話をしたのだろう。アメリカとの戦争という圧倒的な現実を前に日記には表れなくなってしまったが、そこには書ききれない華やいだ気持ちが、金井さんのなかにはまだ残っていたのかもしれない。

金井さんが岡元さんに見せたという允子さんの写真は、最期の瞬間も、金井さんの胸のポケットのなかに入っていたのだろうか。金井家に残る遺品のなかに、允子さんの写真は見つかっていない。

金井さんの日記には、戦前の山岸家の住所が記されている。それを頼りに横須賀を訪ねたが、すでに家は跡形もなく、允子さんをはじめ山岸家の人びとの消息を知る人もいなかった。

　かつて金井さんが通ったという山岸の家は、遠くに横須賀港を見渡すことができる高台の上にあった。そこは、吹き抜ける風が気持ち良い場所だった。

第三章　早すぎた落日　最前線の真実

ミッドウェー海戦では八四人が戦死

真珠湾攻撃から一年間、一九四二年一二月八日までに、四〇〇〇人を超える隊員が命を落としていったという驚くべき事実。その原因としてまず思い浮かぶのは、日本軍が「赤城」「加賀」「蒼龍」「飛龍」四隻の主力空母を一気に失った、六月のミッドウェー海戦かもしれない。

たしかにミッドウェーでは、八四人の真珠湾攻撃隊員が戦死しているが、それだけでは、戦死者四〇〇〇人の説明はつかない。むしろ八四人の内実を見ることで、その原因が浮かび上がってくる。八四人の六割にあたる五〇人を占めるのが、「飛龍」の搭乗員。そのうちの四六人が、アメリカ軍空母の攻撃に向かい、撃墜されていた。

「赤城」「加賀」「蒼龍」の三隻が、アメリカ軍の急降下爆撃機により次々と炎上していくなか、一艦離れて航行していた飛龍は、爆撃を無傷で乗りきっていた。そして、一〇機の雷撃隊と一八機の急降下爆撃隊をアメリカ空母の攻撃に向かわせた。この攻撃が原因で、アメリカ軍は空母一隻を失うことになるのだが、飛龍の攻撃隊も大きな被害を受けることになる。敵の迎撃により雷撃機五機、急降下爆撃機一三機、零戦六機が未帰還となったのだった。

このミッドウェー海戦と同じような消耗戦が、一九四二年を通してくりひろげられた。その結果、かけがえのない多くの搭乗員たちが、命を散らしていくことになる。

破竹の進撃のなかの「遺書」

ＮＨＫで真珠湾の番組を放送してから半年が経った二〇二二年六月上旬、僕は山口県周南《しゅうなん》市の郊外に広がる田園地帯を訪ねた。かつて都濃《つの》郡加見《かみ》村《むら》と呼ばれた一帯は、低いなだらかな山々に囲まれた谷筋に田んぼが広がる、八〇年前の面影を残している場所だった。

ここは、空母「瑞鶴」の艦攻隊の操縦員だった福谷《ふくや》知康《ともやす》さんの故郷だ。長男だった知康さんには、ふたりの弟とふたりの妹がいたのだが、戦死した知康さんに代わって家を継いだ弟の一家が遺品を保管していると聞き、訪ねることとした。

知康さんの弟で三男だった光顕さんは一五年前に亡くなっており、光顕さんの息子である彰夫《あきお》さんと妻の公子《きみこ》さんが迎えてくれた。居間に通されると、テーブルの上とそのまわりに、知康さんの遺品が積み上げられていた。

知康さんが両親や兄弟と交わした手紙、幼い頃からの写真、太平洋戦争中の新聞記事……。ひとつずつ手に取りながら、初めて触れる知康さんという人の存在を感じ、気にな

（上）彰夫さんと遺品を整理
（下）知康さんの遺書（1942年4月4日）

ることを彰夫さんに尋ねていく。それに対して彰夫さんは、知る限りのことを丁寧に教えてくれた。

【彰夫さん】

祖父の正輔《まさすけ》は私が中学生くらいの時に亡くなったのですが、私自身、戦争のことに興味を持つのが遅かったので、祖父からは直接何も聞いていないのです。祖父は耳が遠くて話もしにくかったですし、それに、まだ戦争のことを口にしづらい時代でしたから。戦後五〇年が経ち、私も大学生になって、ようやく少しずつ調べるようになりました。

そんな彰夫さんが、「じつは、こんなものがあるのですが」と言いながら見せてくれたのが、一本の巻物だった。広げてみると、横長の和紙に筆で書かれた書信を表具師の手で裏打ちしてもらったものだった。宛名には「福谷正輔殿」と知康さんの父の名が記されており、その横には「四月四日夜　軍艦瑞鶴　福谷知康」と書かれていた。

知康さんは、真珠湾攻撃直前の一〇月に瑞鶴に配属となり、翌年五月八日に戦死している。つまりこれは、一九四二年四月四日夜に書かれたものであることを意味していた。そこには、大きな文字で記された「遺書」という言葉に続いて、こう記されていた。

宿敵米英に対し海軍搭乗員として愛機と共に巨弾の雨を放つことは
不肖知康年来の希望にして無上の光栄なり
今亦《いままた》〃セイロン〃島に征く
不肖知康生還を期せず　陛下の御為喜んで死す
唯 皇恩の篤きに比し 萬分の一をも報ひ得ざりしは
不肖知康の死して痛恨とする所なり　七度生れ以て　篤き皇恩に報ひん
父母 教官 師 戦友 友人の厚き御恩に対し憚り謝す
戦友の武運長久を祈る　終り

四月四日夜　知康

これは言うまでもなく、自分の身に迫っているかもしれない「死」に備えて書き残したものであるが、興味深いのは、それが一九四二年四月四日に書かれているということだ。なぜならこの時期は、まだ日本の空母部隊が破竹の進撃を続けていて、真珠湾攻撃を前に一度は死を意識した搭乗員たちも、その切迫感からは解放されている頃だと理解していたからだった。

甲飛四期の同期生たち

知康さんが乗る瑞鶴は、真珠湾攻撃後の一二月末、母港である呉に帰ってきた。そして、一月上旬に再び出港し、翔鶴、赤城、加賀とともに南太平洋のラバウル方面（現在のパプアニューギニア・ニューブリテン島）の攻略戦に参加し、再び内地の港に立ち寄ったのち、真珠湾を攻撃した六隻の空母のうち「加賀」を除く五隻でインド洋方面に出撃している。インドの南東・セイロン島にあるイギリス軍の拠点を攻撃すると同時に、この海域に展開するイギリス海軍の空母部隊をおびきよせて撃滅するのが目的だった。

四月五日、セイロン島のコロンボにある飛行場と軍港を空襲するため、瑞鶴からは艦爆一九機、護衛の零戦九機が出撃している。さらに、四月九日には、セイロン島のトリンコマリー軍港を攻撃するため、艦攻一八機、護衛の零戦一〇機が出撃している。知康さんは、艦攻隊の一員として九日の攻撃に参加することになるのだが、それら一連の攻撃が始まる前に残した遺書ということになる。

それにしてもなぜ、知康さんは遺書を残そうと思ったのか。空母「瑞鶴」は真珠湾攻撃ではひとりの戦死者も出しておらず、知康さんがその一員だった第二次攻撃隊の水平爆撃隊に至っては、ほとんどの機が被弾すらしていない。真珠湾を経て、死がさらに切実なものと迫ってくる理由は感じられない。湧いてくる疑問を反芻しながら、テーブルの上に積まれていた何冊かのアルバムに手を伸ばした。そしてそれをめくりながら、もしかしたらその理由は、他の五隻の空母に配属されていた同期生たちの死にあるのかもしれないと思った。

一九二二年五月二六日に生まれた福谷知康さんは、旧制中学の三年までを終え、一七歳になる直前の一九三九年四月に「甲飛四期」生として茨城の霞ヶ浦航空隊に入隊している。一九四〇年九月から飛行練習生となった甲飛四期生たちは、操縦と偵察ごとに分かれ、厳しい訓練を重ねていった。知康さんのアルバムには、そんな生活の傍らで仲間たちと撮った楽しげな写真がたくさん収められている。

甲飛4期の同期生たち。矢田部航空隊にて

そのなかの一枚。前列中央で人形を抱き、伊達眼鏡をかけておどけた顔をしているのが、知康さんだ。中学時代はサッカー部に所属していた知康さんは、仲間たちの輪のなかにいることの多い青年だったという。兵が着るセーラー服ではなく黒い下士官の制服を着ていることから、三等航空兵曹に進級した一九四〇年一一月以降の写真だろう。

また、ひとりだけいるセーラー服姿の練習生の帽子には、「矢田部海軍航空隊」と書いてあることから、知康さんが茨城の矢田部空で訓練を受けていた一九四一年四月までに撮影されたものと考えられる。

真珠湾攻撃の前年、比較的まだ余裕がある時期に予科練を卒業した甲飛四期生たちは、卒業記念のアルバムを制作しており、僕はか

所属	配置	名前	出身	リスト番号
加賀	艦攻　操縦	熊本　研一	宮崎	208
	艦攻　操縦	長井　泉	熊本	217
	艦攻　電信	大西　俊夫	香川	201
	艦攻　電信	梅津　宣夫	山形	210
	艦攻　電信	武田　英美	高知	216
赤城	艦爆　偵察	坂本　清	千葉	663
蒼龍	艦爆　偵察	桑原　秀安	群馬	585
飛龍	艦爆　偵察	外山　維良	福岡	626

真珠湾攻撃時の甲飛四期生の戦死者

って、真珠湾攻撃で戦死した甲飛四期出身の外山維良さん（飛龍・急降下爆撃隊）の遺族を訪ねた際、それを見せてもらったことがある。

その際に取った全員分の顔写真のデータと今回の写真とを、例によって荒井さんの力を借りながら見比べ、ほぼ全員を特定することができた。写っていたのは、矢田部空で飛行訓練を受けていた甲飛四期生ばかりだった。

知康さんら甲飛四期生は、一九四一年一〇月、訓練を終えて各実施部隊に配属となり、知康さんは「瑞鶴」の搭乗員に選ばれた。彼らは、真珠湾攻撃に参加した隊員たちのなかでも、もっとも間近に母艦に配属された期のひとつだった。そして、初陣となった真珠湾攻撃で、八人が戦死している。

その内訳をみてみると、加賀雷撃隊から五名、赤城・蒼龍・飛龍の艦爆隊から各一名。なかでも加賀の五人は知康さんと同じ艦攻で、うち二人は同じように前席で機体を操縦するパイロットである。真珠湾攻撃から戻り、大分にある宇佐航空隊に降り立って束の間の休息を与えられた際などに、同期生の戦死の報に触れている可能性は高い。

防弾性能の低かった九七艦攻は、どんなに優勢な戦いでも、ひとたび弾が当たれば簡単に火を噴いて墜ちていく。そんな現実に、知康さんは気づいていたのかもしれない。

日本軍機の低い防弾性能

こうして知康さんの所属する瑞鶴艦攻隊の一八機は、四月九日、各機一発の八〇〇キロ爆弾を搭載してトリンコマリー軍港に水平爆撃を行い、またも全機無事に帰ってきた。瑞鶴飛行隊の戦闘行動調書には、要塞砲台粉砕、大型商船一隻轟沈とある。知康さんの遺書は、幸運にもその役目を果たすことはなかったが、かといって決して杞憂でもなかった。

同じ日、瑞鶴以外にも、翔鶴から一九機、赤城・蒼龍・飛龍からそれぞれ一八機の水平爆撃隊が、零戦に護衛され出撃している。そのうちのひとりに、今から一〇年ほど前の二〇一三年にインタビューしたことがあった。

乙飛五期出身の偵察員で、飛龍の艦攻隊の一員だった城武夫《しろたけお》さん。真珠湾攻撃前には金井昇さんと一緒に横須賀で特練爆撃の訓練を受けた、高い技量の持ち主だった。この日、飛龍の一八機は三つの中隊に分かれて攻撃を行ったが、その第三中隊六機の照準を担当していたのが、城さんだった。

【城さん】

私が照準器で照準して落として、全弾落として命中で、やれやれこれで帰ろうって引き返そうとしたら、前方からダーッとイギリスの戦闘機が攻撃してきましてね。私の後ろを飛んでいた徳島の渡部っていう甲飛四期の優秀な操縦員だったですが、その飛行機が銃撃を受けて引火したんだな、燃え出しましてね。あっという間だったんです。サーッと渡部の飛行機が私たちの飛行機の後ろに乗りかかるように近づいてきて、火を噴いたんです。

そうしたら、渡部が私に向かって手でシャッと敬礼して、手を振ったと思ったら、地上めがけて突っ込んでいったんです。ああって思って、本当にその時、いよいよこれはつらい戦争だなと思いましたわ。

この操縦員の名は、渡部《わたべ》重則《しげのり》さん。甲飛四期の卒業名簿には、城さんの記憶通り、徳島県の吉野川下流域にある町の出身とある。そして渡部さんの操縦する九七艦攻には、もうひとり甲飛四期の同級生が乗っていた。熊本県熊本市出身の後藤時也さん。真ん中の席に乗る、偵察員だった。

空母に乗り込む搭乗員たちは、母艦に帰れる見込みがない時は、捕虜になるくらいなら死を選べと教えられ、自決用のピストルさえ渡されていた。飛龍の戦闘行動調書には、渡部さんの操縦する艦攻はその教えの通り、敵の基地に「自爆」したと記載されている。

渡部機を襲ったのは、セイロン島にある基地を飛び立ち上空で待ち構えていたイギリス軍の戦闘機だった。彼らは、投弾の前後、爆撃針路に入った編隊がまっすぐに飛ぶ最も無防備な瞬間に襲い掛かってきた。九七艦攻の左右の翼はガソリンタンクになっているのだが、この頃の九七艦攻のタンクには防弾装備が施されていなかったため、射抜かれて、タンク内の燃料や気化したガスに簡単に引火した。そして、渡部機の最後を見届けた城さんの艦攻にも、敵が襲いかかってきた。

【城さん】

今度は私たちの飛行機に来たんですね。バリバリッと。そうしたら後ろ(電信席)で機銃を撃っていた稲毛幸平っていうのが、甲飛の二期ですが、それが腹をやられてバタッと機銃を倒してしまいましてね。「おーい」って声をかけているうちに、わしが今度は目をやられたんだ。何かパッと、熱い感じがしたから手を当ててみたら、どろっとしてもうないんですよ、右目が。ああ、やられたなと。翼のタンクからもシャーッとガソリンが吹き出し始めてね。いま渡部の飛行機が空中火災を起こして墜ちていったところだけど、ああ、我々もこれが最後かと思ってね。一瞬もう何か家のことや親のことがシャーッと頭の中を巡りましたよ。

幸い、城さんの機体は、ガソリンタンクに弾丸が命中しても引火することはなかった。発火性のない徹甲弾が、火花も散らさずにうまく貫通していったのだと考えられる。母艦に帰れるかもしれないと考えた城さんは、右目を失う重傷を負いながらも、前席にいる操縦員の高橋仲夫さん（甲飛二期）に指示を出し、機首を日本艦隊のいる方向へと向けさせた。

【城さん】

前で操縦をしていた高橋は喉をやられていましてね、ものが言えないようになってたんだが、耳は聞こえたからすぐ高度を下げさせて、海面スレスレで飛んだんです。下がったら向こうの戦闘機は来なくなったですけどな。

で、わしら低空で帰ってきたんです、シャーッとガソリンを吹きながら。いつ燃料が切れるかと思ってね。他の列機が黒板に「頑張れ、頑張れ」って書いて見せたり、一緒に帰ってくれましてね。

城さんの飛行機は結局ガソリン切れとなり、洋上に不時着することになる。その日波が高かったというインド洋への不時着水に成功した九七艦攻は、五分ほど水面に浮いた後、重いエンジンを下にして沈んでいった。

城さんと高橋さんは、着水すると同時に電信席にいる血だらけの稲毛さんを引っ張り出し、サメが出ると聞かされていた海域で漂流を始める。城さんは、サメは自分より体の大きい生き物は簡単には襲わないという教えに従い、首に巻いたマフラーを伸ばして体にくくりつけて救助を待った。

そしておよそ一時間後、救出にきた駆逐艦に引き上げられたが、不時着水した時に息のあった稲毛さんは、残念ながら駆逐艦の甲板上で息を引き取り、インド洋に水葬された。

四月五日と九日に行われた攻撃で、日本側は三一名の戦死者を出した。内訳をみると、零戦六機、艦爆一〇機、艦攻一機が未帰還となっており、それ以外に稲毛さんを含む艦攻の搭乗員二名が機上戦死している。セイロンを守るイギリス軍戦闘機は、数も少なく性能も零戦より劣っていたが、それでもこれだけ多くの被害を出したのは、今では広く知られているように日本軍機の防弾性能の低さによるもので、訓練に訓練を重ねた搭乗員たちが当たり所の悪かった数発の銃弾であっけなく命を奪われていった。

そしてその数は、アメリカ軍空母部隊との戦いが本格化する五月以降、急激に増えていくことになる。

撃墜――「珊瑚海海戦」

その最初の戦いとなったのが、ミッドウェー海戦の一ヵ月前、五月七日から八日にかけて南太平洋の珊瑚海で行われた史上初めての空母同士による航空戦「珊瑚《さんご》海《かい》海戦」だった。

アメリカが南太平洋防衛の拠点と位置づけていたオーストラリア統治下のポートモレスビーを攻略に向かう瑞鶴・翔鶴・祥鳳の三空母と、これを阻止しようとするアメリカ軍空母のヨークタウン・レキシントンとがぶつかったこの戦いで、福谷知康さんも、戦死することになる。

海戦初日の五月七日、夕方近くになって敵空母を発見した瑞鶴と翔鶴から、艦攻一五機、艦爆一二機が出撃した。夕暮れ間近の攻撃で、帰りは夜間の飛行と着艦が予想されたため技量の高い隊員だけが選ばれており、知康さんは攻撃隊に名を連ねていない。

その攻撃隊は敵空母上空で迎撃され、戦果をあげられないまま、瑞鶴と翔鶴合わせて艦爆一機、艦攻八機を失っている。三機一五名の搭乗員が戻らなかった瑞鶴艦攻隊の搭乗員室で、翌日の出撃に備えていたであろう知康さんは、最後の夜をどう過ごしたのだろうか。

そして翌八日、知康さんは、艦攻一八機、艦爆三三機、零戦一八機、両空母合計六九機からなる攻撃隊の一員として、現地時間の午前九時過ぎに瑞鶴を発艦した。この時、艦攻が搭載していたのは、高高度から水平爆撃を行うための八〇〇キロ爆弾ではなく、海面すれすれを飛んで敵に肉薄して投下する魚雷。知康さんにとって、実戦における初めての雷撃だった。

午前一一時過ぎ、敵空母を発見した艦攻隊は編隊を解いて散開し、雷撃態勢に入った。瑞鶴艦攻隊の八機のうち四機がレキシントンに向かったが、そこにアメリカ軍の戦闘機が襲いかかる。その時の様子を、知康さんのすぐ前を飛んでいた艦攻の電信員・西沢十一郎さんが、戦後このように回想している。

「われわれが雷撃態勢に入るはるか以前に、米軍戦闘機に捕捉された。重い魚雷を抱いたまま、右に左に逃げる。私も無線機を放り出して、七・七ミリ機銃に取りついた。グラマン戦闘機は一航過、二航過、銃撃を加えながら前に飛びぬけると、また反転して攻撃してきた。最初に、私の列機が墜とされた」（森史朗『暁の珊瑚海』）

戦史研究家の森史朗さんは、襲いかかってきたのは、午前一一時一六分に撃墜を報告しているレキシントン戦闘機隊のセルストロム少尉ではないかと考えている。

そしてこの撃墜された西沢さんの列機こそが知康さんの操縦する九七艦攻だった。偵察席に座る井手原春信さん、電信席に座る生島亮さん、ペア全員が甲飛四期生だった。

五月七日と八日、二日間にわたる戦いで、日本側は、アメリカ側の空母レキシントンを撃沈し、ヨークタウンを大破させ、他にも二隻の艦艇を撃沈したが、それと引き換えに、翔鶴、瑞鶴、祥鳳の三隻合わせて、艦攻六六人、艦爆二三人、零戦七人、計九六人の搭乗員を失った。そのなかで甲飛四期生は、知康さんらを含めて一一人にも上っている。

際立つ艦攻と艦爆の犠牲者

この珊瑚海海戦以降も、日本とアメリカは太平洋の戦いの主導権を巡って、空母同士の海戦をくりかえしていく。次頁の図は、真珠湾攻撃から一年間以内に、日米間で行われた

インド洋	珊瑚海海戦	ミッドウェー海戦	第二次ソロモン海戦	南太平洋海戦
1942年4月	1942年5月	1942年6月	1942年8月	1942年10月
31(31)	96(82)	110(83)	59(29)	148(61)

真珠湾攻撃以後1年以内の主な海戦と戦死者数

海戦と、日本側の搭乗員の戦死者数をまとめたものだ。( )で示されているのは、そのなかに占める真珠湾攻撃隊員の数である。

この戦いが搭乗員たちに大きな犠牲を強いる過酷なものだったことが一目でわかる。もちろん、アメリカ側も多くの搭乗員を失っている。例えばミッドウェー海戦では、日本の倍近い二〇八人の戦死者を出している。だが、一〇月に行われた南太平洋海戦では、状況は逆転する。

日本側の空母二隻(翔鶴・瑞鳳)を撃破したアメリカ側の搭乗員の戦死者が二六人だったのに対し、空母一隻(ホーネット)のほか、一隻(エンタープライズ)を撃破した日本側が出した戦死者は一四八人。もともと機体の防弾性能が高く、戦いが進むとともに練度が向上し、戦術が確立されていったアメリカ軍に対し、日本側は防弾性能の改善がなかなか進まなかったことが関係している。

こうした戦いが積み重なった結果、四〇〇人を超える真珠湾攻撃隊員が最初の一年間だけで戦死していくことになった。

さらに、戦死者の機種別の内訳を見てみると、艦攻一八二人、艦爆一六七人、零戦五二人となっている。一機あたりの乗員数を考慮に入れても、艦攻と艦爆の多さが際立っていることがわかる。能力も気力も十分な搭乗員たちの命を守り、その力に報いるだけの航空機を作り出せなかったことから、海軍航空隊はほころびを見せはじめていく。

息子の死を感じ取る母

知康さんの戦死の通知が遠く離れた山口県の福谷家に届いたのは、一九四二年の秋頃だったという。だが日米開戦以来、長男の身を日々案じていた母のカツさんは、それよりずっと前に、そのことを感じ取っていたようだ。弟の光顕さんが、母カツさんの死後にまとめた回想録がある。そこには、兄が戦死した頃のことが、次のように記されている。

「珊瑚海海戦の華々しい戦果の報道が新聞に載った。
その報道記事の中に我が方の損害未帰還二十七機となっていた。
母はこの記事を見詰めたまま呆然としていたのを今も忘れることは出来ない。
晩年になってからの母の述懐によると、
胸に大きな大砲の玉が突き抜けたようだったと語っている」

「その時の新聞記事があります」と言って、光顕さんの息子である彰夫さんが、一枚の黄ばんだ新聞紙を広げて見せてくれた。昭和一七年六月六日の大阪毎日新聞だ。

〝更に呼ぶ珊瑚海大戦果詳報の興奮〟という見出しとともに、多くの搭乗員を失いながらもアメリカ側の空母「サラトガ」を撃沈したと、その様子が詳細に勇ましく記されている。（注：当時日本側では、レキシントンではなくサラトガを撃沈したと認識されていた）

軍の情報統制により、記事には空母「瑞鶴」という情報は一文字も記されていない。それにもかかわらず、その紙面から息子の死を感じ取っていたという母カツさん。戦場の息子を思う母の思いが、痛いほど伝わってくる。

家族の前途に不安を抱えての攻撃

福谷家には戦時中のはがきや手紙が大量に残されており、それは数時間の滞在では到底読みきれない量だった。僕は、彰夫さんの了解をいただいてそのすべてを東京に持ち帰り、じっくり目を通させてもらうことにした。

二〇〇通にものぼる書信の多くは、予科練に入隊後、知康さんが父、母、次男の博允《ひろみつ》さんに宛てたもの、あるいはその三人からの返信が占めており、それは、知康さんの戦死の直後まで続いていた。母から出された最後の手紙は、「戦死に付、差出人戻し」と書かれた小さな紙がのり付けされて、送り返されてきている。

ただちょっと困ったのは、正輔さんかカツさんどちらかに切手を収集する癖があったのか、ほとんどの封書の切手が消印とともに切り取られており、いつ出された手紙なのか内容からひとつひとつ推測していかなければいけないということだった。

知康さんからの手紙は、故郷で農作業に追われる父母をいたわり、弟や妹を思いやる長男としての自覚とやさしさに満ちたものだった。軍人として国に奉公する気持ちが高まっていく知康さんにとって、下宿をしながら東京の旧制中学に通う一歳半年下の弟博允さんは、後を託せる信頼できる存在であったようだ。

左から光顕さん、博允さん、知康さん

文面から推測して、真珠湾攻撃の八ヵ月前、一九四一年四月七日に茨城の矢田部航空隊から出したと考えられる、知康さんから博允さんへの手紙が残っている。

【手紙より】

大部《ママ》暖かくなって来たね。徳山の櫻も今を盛りと咲いて居るさうだ。矢田部の櫻も少しづつほころび始めた。博允、お前も又新しい学年を迎へて一層勉強を積んで居る事と思ふ。お前も余す所僅かだ。一生懸命に勉強して皆に負けぬ様にやれ。

俺も愈々《いよいよ》四月十日飛行練習部を卒業、九州へ行く事になった。機種は攻撃機を専攻する事になった。希望の急降下爆撃機はお上の都合や成績其の他の選定会議によって駄目になった。何に決っても同じ飛行機だ。少しも不満はない。今度大いに奮斗努力する覚悟で居る。

明日八日は卒業飛行だ。又編隊を組んで飛ぶのだ。十日には東京をまだ何時で発つか判らないが、東京に着くのは午后一時頃と思ふ。土浦を十一時二〇分頃の汽車で行けば〇時四〇分頃着くし、土浦発を〇時三〇分位の汽車で行けば、二時五分前頃に着く予定で有る。多分午后二時頃に着く汽車に乗るのではないかと思って居る。忙しいだらうが、来られるならば上野迄来て呉れ。

兎《と》に角《かく》、自分としても愈々人生の航路の第一歩を踏み出して行くわけだ。最善の努力をする。お前も必死の覚悟で頑張って自分の目的を達成せんことを祈っとる。ではお体を呉々も大切にしてな。山縣様にも良ろしく。さやうなら。
知康
愛する弟へ

この時、兄弟が上野駅で出会えたのかどうか定かではない。だがこの手紙が届いた直後、博允さんは髄膜炎を患って帰郷することとなり、半年間の療養も空しく、一〇月五日に息を引き取ってしまう。知康さんが、四月から続いていた長崎の大村航空隊での訓練を終え、瑞鶴に配属になる前日のことだった。

手紙のやり取りから推察するに、知康さんは弟が亡くなってから、ようやく帰郷できたようだ。そして弟の死と向き合った後、瑞鶴に着任したのだと思われる。瑞鶴の艦攻隊が真珠湾攻撃に向けて訓練を行っていた大分の宇佐航空隊から出された手紙が、母宛に届いていた。

お母さん、本日、無事到着致しました。宇部の所で五分ばかり遅れたのみです。
お父さんの見送を受け、別れました後はいくら我慢しても我慢出来ず
次々と昔の思ひ出が浮んで涙は止めも無く《ママ》出て来て何《ど》うする事も出来ませんでした。

それも皆私のわがままな行為によって
少しも博允の為に盡《つく》してやる事が出来なかったそれが何より残念です。
私ももっと可愛がったら少しは長くも丈夫で居たであらうと思ひますと
私は何といってよいか、もう訳もわからなくなりました。

而し私もお母さんやお父さん等の良い両親を持って幸福です。
それに親類や近所の人達も親切でこれ程の幸福は有りません。
私も今では総てを忘れひたすらに陛下の御為に三人前の働きをすることのみが
博允や富人様の一番お喜びになる事と思って居ます。
お母さんやお父さんも気を落さず新しく新しく出発して行きませう。

一家挙げて国家の御為になる如く。では疲れて居りますから今日はこれにて。
お体の壮健ならん事をお祈りします。では博允にも良ろしく。
乱筆にて失礼　知康拝
母上様

しばらくして同じ宇佐から、今度は父宛に「猛訓練に猛訓練を重ねています。博允の事も夜寝る時以外殆んど思ひ出す暇も有りません」「私の心配は毛頭ありません。元気一杯です」という手紙を送ってはいるものの、家族の前途に不安を抱えての真珠湾攻撃だったことがうかがえる。

さらにもう一人の弟の光顕さんはまだ一二歳で、開戦を経た後の一九四二年三月一三日付の母から知康さんへの手紙には、「知康よ……何と云って詫びませう。只沁み出る泪を押へ押へ終日ボンヤリ仕事も手につかずくやし泪にくれて居ります」「どうぞ力を落さないで応援して下さい。今度こそやりますよ。神の試練と諦めませう」と、光顕さんが知康さんの母校である旧制徳山中学への入学試験に落ちたという報告が書かれている。

四月四日夜の「遺書」は、こうした家族の前途に不安を抱くなか、後ろ髪引かれる思いを振り払う意味で書かれたものだったのではないか。家族の私信を読ませてもらって、そんなことを考えたりした。

父と母の思いの強さ

思わぬかたちで次男を亡くし、その一年後には頼りにする長男の戦死を知らされた正輔さんとカツさんはその後、その重すぎる事実とどのように向き合っていったのか。それがわかる手紙も見つかった。

知康さんの一周忌が間近に迫る一九四三年四月二七日付で父の正輔さん宛に書かれた大阪に住む「生島敏夫さん」からの手紙、そして、翌二八日付で書かれた広島県呉市の「井手原精三さん」からの手紙だ。見覚えのある名字だと思い手元の名簿を調べてみると、二人は、ともに甲飛四期を卒業した後に瑞鶴に配属され、珊瑚海海戦で同じ九七艦攻に乗って戦死した生島亮さん、井手原信男さんの父親だった。

内容から察するに、正輔さんが、三人の命日を前に御悔みの言葉と「香花の料」を送ったことに対する礼状のようだった。

このうえもなく名誉なこと、というこの時代ならではの遺族の言葉とともに、ふたりの手紙は、同じような言葉でしめくくられていた。


「一家一門の名誉とは申しながら御家中御一同様の御心中御察申し候。今後は彼等の勲《いさお》を受けつぎ産業戦線を戦って戦って戦ひ抜き銃後御奉公を遺憾なく果すこそ何よりの進物《しんもつ》と存じ候」（井手原精三）

「御奉公半ばに戦死致しました事ただこれのみ心残りで御座います。

この上は一家一同故亮の霊を慰むると共に
ますます聖戦下長期建設の国策に添って銃後国民としての本分を盡《つく》し
全力を盡して奮闘いたしました亮の働きを
軍人の家族として汚さぬやう致さねばならぬと誓って居ります」（生島敏夫）

どのようにして、正輔さんが二人の遺族の住所を探り当てることができたのか。そこには、海軍が関係しているのは間違いない。生前の様子を少しでも知りたいと願う遺族の思いを叶えるため、ペアを組んでいた搭乗員の連絡先を海軍が教えることがあったようだ。

第一章で見た、長野の北原收三さんの遺族もまた、真珠湾で一緒に戦死したペアの連絡先を教えられ、石川県と香川県に住む遺族と一周忌を目前にした一九四二年一〇月に手紙を交わしている。

その背後には、知康さんの両親のどのような思いがあったのだろう。束になってまとめられたはがきを一枚ずつ読んでいた時、差出人の名を見て、おやと思った。金澤卓一さん。知康さんと同じ瑞鶴艦攻隊の一員として真珠湾攻撃に参加した隊員だった。

炎暑の候となりました。同様お変り御座いませんか突然書面を出しまして其節はお返事を出さず失礼していました。
瑞鶴分隊士の金澤です。
御子息故知康殿に就而《ついて》様々とお話を致度《いたした》く存じますからお暇の節はお出で下さい。
先《まず》は一報申上げます。
草々

差出人住所は、岩国海軍航空隊とある。一九一三年生まれの金澤さんは、二八歳で真珠湾攻撃を迎えたベテラン搭乗員で、珊瑚海海戦の雷撃から生還し、その後、ガダルカナルを巡る「第二次ソロモン海戦」「南太平洋海戦」を戦い抜いたのちに、岩国海軍航空隊の教官となっていた。金澤さんが所属していた呉鎮守府の公報を調べていくと、一九四三年一一月三〇日付で岩国航空隊から大分県の宇佐航空隊に転属となる辞令が公布されている。このはがきには幸いなことに八月という消印がわずかに残っていた。このことから、一九四三年八月に出されたものであることがわかる。

おそらく両親は、知康さんの瑞鶴での生活、そして可能であれば最後の様子を知りたかったのだろう。その後面会が実現したのか、これに関しては何も痕跡が残っていないが、徳山から岩国まではさほど遠くない距離でもあり、知康さん戦死後に正輔さんが見せた積極性を考えると、会いに行ったのではないかと考えられる。

知康さんが戦死した日、瑞鶴からは八機の艦攻が出撃したのはすでに述べたとおりだが、嶋崎少佐率いる四機がヨークタウンに、佐藤善一《よしかず》中尉率いる四機がレキシントンに向かっており、福谷機は佐藤隊だったのに対し金澤機は嶋崎隊だったので、知康さんが撃墜される瞬間は見ていない。ただ、金澤さんは、隊の若手搭乗員を統率する「分隊士」という立場にあったため、知康さんの列機から撃墜された時の様子は詳しく聞いていたはずである。

『決戦の大空へ』のモデル

だが、仮に金澤さんと両親が会っていたとして、こうした戦場の現実をどこまで正確に伝えたかは疑問である。なぜなら福谷家では、いつの頃からか、知康さんの「死」が、より意味のある物語として伝えられてきたからだった。

「知康さんが操縦する艦攻は空母に肉薄したものの、魚雷発射直前、敵艦隊からの機銃により被弾。火だるまとなったが、魚雷ごと敵空母に体当たりし、これを撃沈した」と。

そこには、一九四三年一〇月にはるばる福谷家を訪ねてきたという、ひとりの映画監督も関係しているかもしれない。予科練の全面協力のもと、映画『決戦の大空へ』を製作し

渡辺監督撮影。右から光顕さん、母カツさん、父正輔さん、妹和子さん

た渡辺《わたなべ》邦男《くにお》監督である。日活や東宝で多くの大作を作ってきた監督で、エノケンらを起用した娯楽映画で人気を博する一方、李香蘭《りこうらん》を主人公に満洲ロケを敢行するなど、軍との関係も深かった。

映画は、予科練の近くに住み、休日には予科練生たちが息抜きに来る「倶楽部《くらぶ》」として家を開放している一家が舞台で、予科練生たちに姉のように慕われる一家の娘を、女優の原節子《はらせつこ》が演じている。

一家には病弱な男の子がいるのだが、やがて予科練生に憧れるようになり、勉強も運動も頑張って見事「乙種飛行予科練習生」として合格する、というストーリーである。

映画は一九四三年九月に公開され、挿入歌として作られた「若鷲の歌」も大ヒットを記録するのだが、そのなかに関根という予科練出身の搭乗員が出てくる。

彼の乗る艦攻は、インド洋方面の戦いで魚雷を抱いたまま敵の空母に体当たりして戦死し、そのことを聞かされる予科練の少年たちは感激に目を輝かせるのだが、その関根少年のモデルが福谷知康さんだったのではないかと言われている。

瑞鶴と翔鶴の飛行隊の戦闘行動調書には、一九四二年五月八日に撃墜された艦攻で、敵空母に体当りしたと報告された機体はひとつもない。

体当たりの物語がいつ生まれ、どのようにそれが福谷知康さんの操縦する艦攻の戦果となっていったのか。その間の詳細は不明である。

墓石の脇に彫り込まれた文字

福谷家を訪問した際、帰る前に、知康さんのお墓に手を合わさせていただいた。彰夫さんの案内で、家から少し歩いた高台にある、集落の共同墓地へと登っていく。

戦死者の墓をどのように建てるかは、日本国内でも地域差がある。大まかな傾向で言えば、立派な墓を建てて故人の「死の意味深さ」をたたえる場合と、目立つかたちにせず、家族と一緒の墓石にひっそりと名を刻む場合とに分かれる。

山口県では、これまで岩国から周防大島、周南、防府、山口、宇部、下関に至る地域で遺族を取材してきたが、その限りで言うと、いわゆる「戦死墓」と言われる先の尖った立派な墓に故人の戦死に至るいきさつを彫りこんでいることが大多数だった。この墓地にもそうした墓が何基か建っていた。だが、福谷家の場合そうしたかたちはとっておらず、家族でひとつの墓石だった。戦争が終わって二〇年が過ぎた頃、父の正輔さんが建てたものだった。

「山口のあたりでは、珍しいですね」と彰夫さんに語りかけ、「何か理由はあるんですか」と尋ねたところ、「正輔とカツの思いからだとは思いますが……」との答えだった。

そして手を合わせた後、正面に「福谷家之墓」と刻まれた墓石の側面をのぞきこんだとき、知康さんの死と文字通り生涯向き合い続けたという両親の思いの烈しさに、改めて気づかされた。ふたりの眠る墓石、そこには力強い文字で、知康さんの戦死の時の状況が、びっしりと彫りこまれていた。

「故海軍一等飛行兵曹　勲七等功五級　福谷知康
昭和十七年五月八日　サンゴ海々戦に参加
米空母サラトガに突入自爆」

第四章　戦地からのラブレター

くりひろげられる航空戦

一九四二年八月に始まった南太平洋のガダルカナル島を巡る日米の激しい戦いは日本の敗北に終わり、一九四三年二月、日本軍は島から撤退した。

これ以降しばらくの間は、ガダルカナルを拠点とするアメリカ軍航空部隊と、そこから二〇〇〇キロ北西に離れたラバウルを拠点とする日本軍の基地航空隊との間で、攻防がくりひろげられていくことになる。

この時期、真珠湾攻撃隊員たちの戦いは、開戦からの一年間に比べると、やや小康状態になっている。亡くなった人の数は、一九四二年一二月から一九四三年一〇月までの間に、訓練中などに事故死した殉職者一〇人を含めて三〇人あまり。だが、一一月以降になると、再び増えはじめていく。

この時期、真珠湾攻撃隊員たちは、どのような日々を送っていたのか。そして、一一月以降、彼らはどのような運命をたどっていくのか。

父から母への手紙

二〇二一年一〇月、僕は、兵庫県宝塚に暮らすひとりの遺族を訪ねた。松﨑洋祐《まつざきようすけ》さん。

講談社現代新書
発行部数ランキング

（1964年創刊）

11位　他人を見下す若者たち
速水敏彦

12位　本はどう読むか
清水幾太郎

13位　ふしぎなキリスト教
橋爪大三郎、大澤真幸

14位　「知」のソフトウェア
立花 隆

15位　光源氏の一生
池田弥三郎

16位　ハプスブルク家
江村 洋

17位　不機嫌な職場
高橋克徳、河合太介、永田 稔、渡部 幹

18位　適応の条件
中根千枝

19位　経済学はむずかしくない（第2版）
都留重人

20位　家族関係を考える
河合隼雄

講談社現代新書
公式サイト

自分の考えたとおりに生きなければならない。
そうでないと、自分が生きたとおりに考えてしまう。

ポール・ブールジェ

洋祐さんの父・松崎三男《みつお》大尉は、真珠湾に向かう第一次攻撃隊一八三機の一番先頭を飛ぶ九七艦攻の操縦員だった。真ん中の偵察席には総隊長の淵田美津雄《ふちだみつお》中佐、後ろの電信席には「トラ・トラ・トラ（ワレ奇襲ニ成功ス）」を打電した水木徳信一等飛行兵曹が乗っていた。

淵田中佐は戦争を生き抜いてキリスト教の伝道師となり、水木一飛曹は一九四二年一〇月の南太平洋海戦で村田重治《むらたしげはる》少佐の指揮する雷撃隊の隊長機の電信員として戦死し、故郷に大きな忠魂碑が建てられていることが知られているが、松崎大尉に関しては、一九四三年一二月五日、南太平洋のマーシャル諸島方面で戦死したこと以外、僕はほとんど情報を持っていなかった。

これまであまり世に出ていないということは、遺族が取材などを断っている場合も考えられる。嫌がっているかもしれない人に連絡をするのは毎回ためらわれるのだが、お手紙を送ってみたところ、返事をくれたのが、息子の洋祐さんだった。三男さんは戦時中に結婚し、戦死する前に息子をひとり残していた。

【洋祐さん】
「やっぱりちょっともう少し父親のことを知るべきだということを思いまして。最近、いろいろ資料を集め始めたわけですけど、たまたま五年前に私の母が亡くなりましてね。そういう母の遺品も手元にあったものですからその遺品を整理しながら、調べていったわけなんです」

物心ついた頃から、部屋のなかに飾ってある軍服姿の写真を見ておぼろげに父をイメージしていたという洋祐さんだが、「真珠湾」を直視することは避けてきたという。ハワイには新婚旅行で訪れたそうだが、ワイキキには滞在したものの、そこから真珠湾まで足をのばすことはしなかった。

そんな洋祐さんが両親の戦争に向き合おうと思いはじめたのは、真珠湾攻撃から七五年の節目となった二〇一六年、日米合同の慰霊祭に、主催者の招きを受けて参加したのがきっかけだったという。

「これはなかなか複雑な思いがありましてね。まずひとつは、父親が徴兵された兵隊ではなくて、職業軍人だったということですよね。戦後、職業軍人に対する世の中の目はかなり厳しいものがありましたから。自分の父親がそういう軍人を職業に選んでいたということで、子ども心に反発があったということでしょうね。

それともうひとつは、私は母親と母方のおばあさんに育てられたのですが、いわゆる片親であるというハンディキャップを意識しないよう育てられたんですよね。そういう意味で、自分にはもともと父親はいないという意識で育ってきましたので、父親が恋しいとか、父親がいたら自分の生活も変わっていたのではなどと考えずに生きてきたものですから、父親のことについては知ろうとは思いませんでした。

で、いろいろ調べ始めて一番衝撃を受けたのが、ここにありますけど、手紙なんですよね。父から届いた手紙があるということは母から聞いてはいたのですが、母の生前には見せてくれませんでして。最初、母の遺品の中から出てきた時も、ちょっとだけ目を通しただけで、たとえ親子といえども父親から母親への私信ですから、私が目を通すのもおかしいなという気持ちもありまして、あえて読まなかったんです。

ただ今回真珠湾から八〇年ということで、あの時代を生きた人たちのことをきちんと記録に残すためにもこれもひとつの貴重な史料になるのではないかと思って、目を通すことにしたのです」

「可愛い妻へ」

赤い漆塗りの箱を開けると、そこには、三枚のはがきと三〇通近くの封書が収められていた。三枚のはがきには、一九四三年七月一〇日から一六日までの消印が、それ以降の封書には八月一日以降の消印が押されていた。宛先はいずれも名古屋市中村区にあった、三男さんの妻幸子《ゆきこ》さんの実家である。

八月一日付の最初の封書に目を通しただけで、洋祐さんが読むのをためらった意味がよく理解できた。それは、当時の職業軍人が妻に送った手紙としては、異色といっていいものだった。

お手紙有難う。無事帰宅との事安心した。
小生其の後至極元気であるから安心してくれ。そして毎日猛訓練をしている。
これこそ月月火水木金金の訓練だ。
部下は皆若く元気溌溂《はつらつ》としているので全く頼母《たのも》しい限《かぎり》だ。

お前が帰った日に、名古屋の母上よりホテル宛に桃二箱を送って戴いた。
又今日も御前より手紙と一緒に桃を受取った。
之も士官室に出したらヒヤかされるやら喜ばれるやら大騒ぎであった。
母上様に宜敷《よろし》く伝えてくれ。

今は飛行作業も終え隊内は巡検用意の喇叭《らっぱ》が鳴響いている。
静かに御身に之を書くとき
楽しき今迄の結婚生活が思い出されて御身の写真を抱き締め度い位である。
然し部屋は特務大尉のお叔さんと一緒であるのでそうも出来ぬ。
身体の具合はどうか　変調は未だか　今日は仕事が忙しいので又にする

さようなら　三男より

可愛い妻へ

【洋祐さん】

「正直公表していいのかどうか……、きっと私はあの世で親父に怒られるのではないかと思うのですが、要はラブレターですよね。新妻に対する思いを赤裸々に書いています。これら手紙すべてに最愛の妻に対する思いを書いていまして。戦場に関することとなんかほとんど書いていません。

結びの文句も、幸子へって書けばいいのをですね、その都度違うんですね。愛する人へとか、最愛の幸子へとか、愛する妻へとか、かわいい妻へとか」

ふたりの出会い

この人間味あふれる手紙を妻に送りつづけた松崎三男さんは、一九一六年六月二三日、長野県小県《ちいさがた》郡富士山《ふじやま》村（現：上田市）の豊かな農家の三男として生まれた。旧制上田中学に進んだのち、難関をくぐり抜けて一九三四年四月に海軍兵学校に六五期生徒として入校。一九三九年に飛行学生となり、空母「龍驤《りゅうじょう》」乗組を経て、一九四一年四月に空母「赤城」に配属となった。

総指揮官機のパイロットとして真珠湾作戦を全うした松崎さんは、その後、一九四二年四月上旬のインド洋作戦まで淵田中佐の操縦員を務めている。その頃の三男さんを捉えた映像が、戦時中のニュースフィルムに残されている。

一九四二年一二月一日に全国の映画館で封切られた、開戦一年を記念する日本ニュース（第一三〇号・「洋上を圧す聯合艦隊」）のなか、空母に着艦する九七艦攻の尾翼にＡＩ－３０１という番号が見える。これは淵田中佐の乗機につけられていたもので、操縦するのは三男さんのはずだ。映像のなかの三男さんは、風防を開け、座席を高く上げて前方をしっかりと見据えながら、鮮やかに着艦を決めている。

三男さんにとって幸運だったのは、インド洋作戦から戻った後の四月二〇日、人事異動により赤城を降り、三重県にある鈴鹿航空隊の教官に赴任したことだった。その後赤城はミッドウェー海戦に参加して七名の搭乗員を失い、無傷だった者の多くは珊瑚海海戦で大きな犠牲を被った翔鶴《しょうかく》に配置替えとなって南太平洋海戦に参加することになる。

真珠湾攻撃でともに隊長機に乗り込んだ電信員の水木一飛曹はそのようにして戦死していったのだが、海軍という巨大な組織のなかで、人事上のちょっとした差配が搭乗員たちの運命を大きく分けていくことになる。

そしてそのおかげで、三男さんは、妻の幸子さんとも出会うことになる。息子の洋祐さんによれば、ふたりの出会いは、名古屋市内で味噌の蔵元を営む家の一人娘として育った幸子さんが、鈴鹿にある別荘に滞在していた時のことではないかとのことだった。

ふたりが初めてデートに出かけたのは、名古屋市にある「名宝」という映画館だったことは、三男さんが残した手紙の文面から読み取れる。調べてみると「名宝会館」とは、一九三五年に宝塚歌劇場として開業した建物を映画館として改装したもので、建物内にレストランやスケートリンクなども併設した、当時としては最先端の娯楽施設だったようだ。

そしてその後、ふたりは急速に距離を縮めていき、一九四二年一一月一五日に結婚し、一九四三年五月一五日、愛知県の熱田神宮で式を挙げた。結婚写真におさまるふたりの表情を見ていると、長期戦の様相を見せ始めた戦争の時代をともに生き抜こうという決意

熱田神宮で結婚式を挙げる松﨑三男さん・幸子さん（1943年5月15日）

と、ともにあることで湧いてくる力強さのようなものを感じずにはいられなかった。

検閲印の押されたラブレター

ふたりは鈴鹿航空隊に近い千代崎に新居を構え、時には兵学校の同期生を招くなど束の間の安らいだ日々を送っていたようで、同期生が戦後にまとめた文集にその様子が記されている。そんなふたりが、離れて暮らし、心のこもった手紙を交わすようになったのは、式を挙げてわずか二ヵ月後のこと、三男さんが鈴鹿の航空隊から新たに新設された部隊の飛行隊長に任命されたのがきっかけだった。

三男さんが配属された第五三一海軍航空隊（五三一空）は、九七艦攻に代わるべく開発された新鋭機「天山《てんざん》」が初めて本格的に配備された航空隊で、千葉県の館山基地を拠点とした。同じく三人乗りのこの天山は、開戦から一年半が経ち九七艦攻が時代遅れとなっていくなか、大馬力エンジンを積むことで時速四八〇キロ、九七艦攻より一〇〇キロほど速く飛ぶことができた。

ただ、エンジンが大型化したことで魚雷発射などに関わる機体の構造が大きく変わっており、機体に習熟しながら隊員に訓練を施し、迫りつつあるアメリカとの決戦に備えるという重責を三男さんは担うことになった。

息子の洋祐さんによれば、この時期幸子さんは父親の得太郎さんの病状が思わしくなく、一人娘として実家を離れることができなかったのだという。こうして始まった、名古屋の幸子さんの実家と館山の航空隊との間の「遠距離新婚生活」は、離れて暮らすふたりの絆を、強固なものにしていったようだ。そしてそこには、ユーモアあふれる三男さんの人柄が大きく影響しているように思われた。

七月一〇日の最初のはがき以来、最初の二ヵ月で一四通の便りが幸子さんのもとに送られている。そのどれもが魅力的で、同じ部屋にいる妻にふと話しかけるかのような何気なさで書かれている。たとえば、九月四日に書かれ五日の消印が押された手紙。


幸子。今昼寝から起きた処だ。

久しぶりで今日は午後飛行作業がないのでゆっくり昼寝をした。

うとうとやって居るとお前の夢を見た。どんな夢だと思ふ。

何時もお前がやって見せるオチョボの顔をして笑ってゐる夢だった。おいと言って抱こうとすると、丁度其の時、従兵に起こされた。残念であった。もっとお前と逢ってゐたかった。

今日は手紙が来ないがどうしたのだらう。此の頃は一日でも手紙が来ないと心配になる。病気になって入院でもしたのではないだらうか等と色々心配になる。部屋に帰ってお前の写真を見るのが唯一の楽となった。其の外何をしても面白くない。

明日から又出張して三四日隊を留守にするので手紙も書けないから悪しからず。呉々も御機嫌よう、御父母様に宜敷《よろし》く。

最愛の妻へ

これらの手紙には、すべて「検閲」印が押されている。九月一五日まではすべて「大串」というハンコが押されているが、おそらくこれは、「飛行隊長」である三男さんの上官、五三一空の「飛行長」を務めていた大串秀雄中佐の印だろう。兵学校の五七期生で、三男さんの八期先輩に当たる。

大串中佐自身、鹿児島の鹿屋に妻子を残し単身赴任中だった。軍の機密が書いてあるわけでも、戦意をくじく弱音が書いてあるわけでもない、検閲にひっかかる要素の何もない愛情とユーモアにあふれた手紙のやり取りを、部下思いだったという中佐は、どのような思いで見ていたのだろう。

そして、その直後、九月九日の消印が押された手紙は、待ちに待った知らせを受取った三男さんの喜びであふれていた。

どうしたのかと非常に心配していた矢先に速達を受取って
嬉しいやらびっくりやらで不思議な気持ちで(封)筒を切ると……
御目出度う。でかした。俺もお父さんになると思ふと嬉しい。
二人の愛の結晶が出来たのだもの、こんな嬉しい事は又とあらうか。
充分体に気をつけて、立派な赤ちゃんを生んで呉れ。

出撃前に逢ひ度《た》い事は山々だ。然《しか》し無理をしてはいけない。
汽車に乗って若《も》しもの事があれば一大事だから
決して無理をしてはいけない。
俺も若しかしたら一度名古屋へ行く。
泊って来る事は出来ぬかも知れぬが、一時間でもいいから。

兎に角、無理をしないで身体を大事にしてくれ。
二人は逢はずともじっと結ばれてゐるのだ。
そして御父上様に充分なる看病をしてくれ。

先は御返事まで
愛する妻へ

真珠湾攻撃を機に、いつ終わるともしれないアメリカとの戦争に駆り立てられていった搭乗員たちにとって、軍人としての務めを果たすことと同じくらい大切で、もしかしてそれより難しかったかもしれないのは、戦争が終わった後も続いていくかもしれない人生の設計図を、どう描いていくかだった。

今でこそ、その戦争は三年半のちに無惨な終焉を迎えることはわかっているが、その時代を生きていた当人たちにとっては、知る由もない。

楽観的であるか悲観的であるかは、人それぞれだった。

松﨑三男さんの一期後輩で瑞鶴艦攻隊の佐藤善一《よしかず》中尉（海兵六六期）は、許嫁である多美子《たみこ》さんから贈られたマフラーを首に巻いて真珠湾攻撃に向かい、内地に帰った直後の二六日に結婚した。

善一さんは甲飛四期の福谷知康さんらを率いて出撃した珊瑚海海戦で、レキシントンを雷撃した際も辛くも生還し、戦争中に娘を授かり、それを糧に終戦まで戦い抜いていく。戦後に生まれた長男光政《みつまさ》さんの妻・規子《のりこ》さんによれば、善一さんと多美子さんは、ともに困難な時代を生き抜いた絆からか、終生仲良く暮らしたという。

だが、真珠湾攻撃に参加した隊員の八割が一九四五年の終戦を迎えられなかったという事実からも想像できるように、善一さんのような例は少数派だった。善一さんの海兵同期で、瑞鶴艦攻隊でも一緒だった村上喜人中尉は、同じように真珠湾攻撃後に結婚し、珊瑚海海戦で撃墜され、戦死している。

短い結婚生活

戦争の時代、人は何を思って結婚に踏み切るのか。当時の気分を語れる人はもうほとんど残っていないが、二〇二二年四月、ひとりの女性に会うことができた。九九歳の松田晴子《はるこ》さん。晴子さんの兄・三上良孝《みかみよしたか》大尉は、松﨑三男さんと同じ海兵六五期で、ともに艦攻の操縦員となり、その後「加賀」に配属され、水平爆撃隊の一員として真珠湾攻撃に参加した。

良孝さんは、海兵二七期出身の海軍少将である父・良忠さんの次男として生まれ、一度は海兵の試験に落ちたが、翌年合格した。本当は海兵志望ではなく、父の勧めで嫌々受けた一年目はわざと落ちたそうだが、ひどく落胆する父の姿を見て受け直すことにしたのだという。良孝さんの人生は、その節々で、思いやりの深さに彩られたものだった。

【晴子さん】

「優しかったですね。厳しいっていうことは全然なかったです。昔は渋谷の道玄坂で夜になると、いろいろなものが売っていましたんですよ。艦から家に帰ると、それにすぐに連れていってくれてね。お化粧品とかいろいろ買ってくれたりしてね。

せっかちなところがあって、さあ行こうってなると、すぐ靴を履いて出て行こうとする。少しの暇も惜しんで、連れ歩きたいっていう感じでね。本当に優しい兄でした」

加賀艦攻隊の一員だった良孝さんは、六頁の集合写真にも二列目左から一一人目に写っている。

ちなみに、同じ隊にいた北原收三さんの日記には、真珠湾に向け内地を出撃する直前の一一月一八日、訓練していた九州の基地から加賀に収容される際、「甲板上にて三上大尉衝突させ、一機飛行不能とす」とあり、そのためか水平爆撃隊は定数より一機少ない一七機での出撃となっていた。良孝さんも攻撃隊のなかに含まれていることから、別のペアの機体を借りて出撃し、戦場の現実を目にする機会を得たのだろう。

加賀艦攻隊では、雷撃に向かった一二機のうち五機が撃墜され、一五名が戦死したことはすでに述べたとおりだが、そのなかに、海兵六四期の鈴木《すずき》三守《みもる》大尉がいた。宮城県石森の農家の出だった鈴木大尉には、出撃直前に婚礼を挙げた新妻がおり、そのことを加賀の士官室で一緒だった良孝さんも当然知っていただろう。

真珠湾攻撃前には結婚というものに憧れもみせていたとも言われる良孝さんは、その後内地に戻り、東京渋谷で暮らす家族とつかの間の団欒を楽しんだ時には、自身の結婚については積極的ではなくなっていた。

だが一二月に二六歳の誕生日を迎え、当時でいう「結婚適齢期」を迎えていた良孝さんの両親、特に母親が熱心で、彼女が気に入った美都子《みつこ》さんという女性と、一九四二年三月にお見合いをすることになる。美都子さんを気に入って帰ってきた良孝さんだったが、やはりこの見合いは断って欲しいと父母に伝えた。

【晴子さん】

「何の気なしにお見合いをして。でもやっぱりよくよく考えて、結婚しない方がいいと思ったんじゃないですか。それで断ってきてくれって言ったんでしょう。

家族が断りに行っていたら、それで終わりだったんでしょうが、母は『自分でお見合いをしたのだから自分で断っていらっしゃい』って、一緒に付いていかなかったんですね。そうしたらそこで、結婚の話になってしまって。向こうのお父様も元は海軍の軍人さんだったんです」

いったいどのようなやりとりが交わされたのか、今となっては直接知るすべはないが、美都子さんに取材した作家の澤地《さわち》久枝《ひさえ》さんは、『滄海《うみ》よ眠れ』のなかでこのエピソードに触れ、「建前よりも正直な若い感性の方がずっとつよかった」としているが、もしかしたらそういうことなのかもしれない。

ふたりは、四月二二日、皇居近くの法曹会館で慌ただしく式を挙げ、良孝さんの訓練先である館山、岩国で短い新婚生活を送った後、五月末、ミッドウェーに出撃する直前、別府で最後の別れを交わした。澤地さんによれば、良孝さんは、自分が戦死したら再婚して欲しいという言葉を残し、黙している妻に「約束だ」と握手を求めたあと迎えの内火艇に乗り、にっこり笑って去って行ったという。

そしてその一〇日後、ミッドウェー沖で加賀の艦橋にいた良孝さんは、爆弾の直撃を受け、艦長以下他の士官たちとともに戦死を遂げることになる。

【晴子さん】

「私がとても弱かったものですから。最後戦いに出ていく時も、美都子姉さんに、両親を頼むって言わないで、晴子を頼むって。あれは体が弱いから体鍛えるためにも散歩に連れていってくれってよくよく頼んで出かけていったぐらいで。ですから、お兄さんも戦争がなかったらどんなに楽しい人生が送れたかしらと思いますよね。

ただ兄にしてみれば、短い結婚生活、姉には気の毒ですけれど、良かったんじゃないでしょうかね。人間が味わう喜びを味わってね……。感謝しています、姉には。もう亡くなってしまいましたけどね」

美都子さんは、どのような思いで結婚をしたのか。将来に対する不安などはなかったのか。当人に聞くことのできない疑問を、晴子さんに尋ねてみたところ、どうなんですかねと言いながら、こう答えてくれた。

【晴子さん】

「一度姉に、『戦死すると思わなかったの?』って聞いたことがあるんです。そうしたら、『思わなかった』って。あの頃の女の人たちには、戦死するなんてこと想像もつかない。みんな元気で、立派に走り回っている人たちがね。あんなにして亡くなっていくなんて想像もできなかったんじゃないでしょうか。私たち自身も、戦争ってどんなものか分からなかったですね。

この気持ち、何ていえば分かるでしょうかね。私の友達なんか、女学校を出てすぐに結婚して、すぐに夫を戦争で亡くした方が二人いましたからね」

「美都子さんには気の毒だが、良孝さんにとっては幸せだった」と晴子さんが言えるのは、その後、一度は実家に戻った美都子さんが、縁あって三上家の一員として長い戦後を生き抜いてきたからなのだろう。美都子さんは、戦時中に妻を亡くした良孝さんの兄良臣《よしおみ》さんと再婚し、良臣さんと前妻とのふたりの子どもを育て上げた。

三上さん、松﨑さんの同期である六五期生は、ちょうどそういう巡り合わせだったからか、結婚間もない妻を残して戦死している者が少なくない。真珠湾攻撃隊員だけをとってみても、他に五人いる。

その全員が再婚しているが、岩井健太郎さん、林親博さん、山下途二さんの妻に関しては、戦死した夫の弟と再婚し、新たな人生を踏み出している。

戦争が激しくなり、やがて破滅的な敗戦を迎えるなか、近しい者同士が手と手を取り合って、生きていかなければならない時代だった。

	所属	表番号	戦死日	
三上 良孝	加賀 艦攻	76	1942.6.5	子どもなし
山下 途二	蒼龍 艦爆	581	1942.6.5	娘
入来院 良秋	翔鶴 艦攻	548	1942.10.26	子どもなし
松﨑 三男	赤城 艦攻	1	1943.12.5	息子
比良 国清	翔鶴 艦爆	274	1944.2.7	娘
岩井 健太郎	赤城 艦攻	11	1944.4.17	子どもなし
林 親博	瑞鶴 艦爆	350	1944.10.25	子どもなし

妻子を残して戦死した海兵65期出身の隊員

三男さんと幸子さんの「最後の会話」

子どもを授かったという手紙を妻の幸子さんから受け取

った松﨑三男さんにも、戦争の影が迫ろうとしていた。三男さんに幸子さんが手紙を送った一九四三年九月九日は、闘病を続けてきた幸子さんの父得太郎さんがついに亡くなった日でもあった。訃報に接した三男さんは、翌一〇日朝、すぐさま鈴鹿航空隊経由で名古屋に駆けつけ、幸子さんと再会を果たしている。

ただ、つぎつぎと弔問客が訪れるなか、せいぜい生まれてくる子どもの名前を考えられたくらいで、ろくにふたりの時間も過ごせなかった。そして一二日朝に隊からの呼び戻しの電報を受け、三男さんは慌ただしく館山に戻っていくことになる。

名古屋駅から近鉄急行に乗り、鈴鹿航空隊近くの白子駅までおよそ一時間。駅まで迎えに来た車に乗り込む三男さんが、見送る幸子さんに残した「じゃ、いってくるよ」という言葉が、ふたりの最後の会話となった。

極寒の最前線で

急遽、隊に呼び戻された三男さんは、一五日に書き一八日の消印が押された手紙のなかで、「次に手紙を呉れる時の宛名は次の様にしてくれ」と書いたうえで、「ウ壹貳六　ウ壹〇参」という符号を伝えてきている。

これは、それまで千葉県の館山航空隊にいた五三一空が、内地を離れ、前線に進出することを意味している。この符号は、いったいどこを指すものなのか。その読み解きを助けてくれる本がある。大西二郎さんという研究者がまとめた『太平洋戦争における日本海軍の郵便用區別符』。これによれば、二つの符号は、「所在地区別符」と「部隊名区別符」の組み合わせであり、「ウ壹貳六」は一九四三年六月一五日以降「武蔵湾」を、「ウ壹〇参」は一九四三年七月九日以降「五三一空」を指す符号だという。

武蔵湾とは、千島列島の幌筵島《ほろむしろとう》にあった「擂鉢《すりばち》」という街の近くの地名であり、擂鉢には海軍の飛行場がある。それは、五三一空が九月以降、千島方面の守りを固めるために同地に進出したという戦史上の記録とも一致する。

理由は、その前年に行われたミッドウェー作戦にあった。ミッドウェー島攻略という目的からアメリカ軍の目をそらすため、日本軍は千島列島の先「アリューシャン列島」にある「アッツ島」と「キスカ島」に上陸し、これを占領した。

だが、ミッドウェー作戦が失敗に終わり、一九四三年五月二九日にはアッツ島の守備隊が玉砕し、七月二九日にはキスカ島から海軍の陸戦隊が撤退し、北方からのアメリカ軍の反撃を警戒しなければならない状況になっていた。そのために、索敵にも攻撃にも適した「天山」を装備する五三一空が、錬成もかねて派遣されることになった。

擂鉢の一帯には戦前は日本のサケマス製缶工場が立ち並び、擂鉢を伏せたようなかたちの「摺鉢山」のふもとには、格納庫などの飛行場跡が今も残されているという。ちなみに、隣の占守《しゅむしゅ》島の片岡にも海軍の飛行場があり、五三一空の資料を見るとここにも部隊の一部が駐屯していたようだが、三男さんの手紙はすべて幌筵島の区別符から送られていることから、基本、幌筵島に滞在していたと思われる。

いつアメリカ軍の攻撃を受けてもおかしくない極寒の最前線で、内地への船便が少ないためか、幸子さんの元に手紙が届く頻度は五日に一度ほどと以前より少なくなってはいたが、ラブレターにかける三男さんの熱量は、むしろ高まっている。

毎日のように記した手紙を、便が出るたびにまとめて出しているため、幸子さんの元に届く封筒はパンパンだ。時に、出したはずの手紙が届かなかったり、前に出した手紙が遅れて順番が逆になったりすることもあったようだ。それでもふたりは、手紙に通し番号を振りあうなど、そんな状況すらむしろ楽しんでいるようにすら思える。

幌筵島に来て間もなく便箋がなくなった時も、付き合いはじめたころに幸子さんに名古屋の丸善で買ってもらった手帳を、幸子さんを喜ばすチャンスとばかりに、便箋代わりに使いはじめている。しかも幌筵島に来て以降の手紙を見ると、検閲欄に押されている印は「松﨑」、自分自身のものだ。三男さんの思いは、冬の嵐におおわれていくオホーツクで、燃え上がるばかりである。

一〇月四日
今日も元気だ。安心してくれ。お前は今頃何をして過してゐる事だらう。別れてより一年を経った様に感ずる。非常に長く感ずるのはどうした事であらう。毎日毎日朝早くから忙しい生活をしてゐる。決して心配してくれるな。

夕食の時、蟹を食べてゐると千代崎の生活が偲ばれて非常になつかしく感ぜられた。

二人で食べた蟹と今食べてゐる蟹では、種類が違うのか形は非常に異ってゐるが
赤い色はあの時の蟹の色と少しも変って居ないのだ。

唯、実を取ってくれる人が居らぬのが全く淋しい。

懐かしくなって甲羅酒を造って飲んだ。非常においしかった。

あの時は、毎日の様に蟹を食はされたっけ！

三男さんから幸子さんへの手紙

我が隊はそれ自体一家族だ。皆一致団結してしっかりやってゐる。
兵隊は非常によくやってくれて頼もしき限りだ。

今日恩賜の煙草を戴いた。大事に保存して置いて帰れたら持って帰る心算だ。
可愛いお前に見せるまでは手をつけない。
赤ちゃんにも見せてやらう。見へるかな。早く生れるといいなあ。
子供が正月を数へる様なものである。
毎日々々手紙を待ってゐるが、少しも来ないので心配してゐる。
船が着く度に最も待ち遠しいのは手紙である。
手紙。お前からの手紙が来れば、誰からも来んでもよい。
では呉々も身体を大事にしてくれ。御母上様に宜敷《よろし》く。
さようなら

強風吹きすさぶ極寒の地で、警戒を怠らず訓練も続けるというのは、骨の折れる作業であったに違いない。それでも三男さんの言葉は、物事の明るい面を見ようと努めている。
「お前から貰った手紙を整理して一冊の本にした」「いつも一緒に居て喧嘩でもするより

こうして離れて居って二人の夢を成長させる生活も亦《また》、考え様によっては楽しい事もあるものである。眼をつぶってお前の事を偲ぶ時、俺は何時も楽しくなる」（一〇月五日）「生れでる子供の為にいい名前を目下考慮中であるが、仲々《ママ》むずかしいものである。最初に考えた名前が一番いい様に考える。男の子、洋祐。女の子、洋子」（一〇月一二日）

南太平洋での日本の劣勢

だが、そんな三男さんの手紙も、一一月に入った頃から少しずつ緊迫の度合いを帯びてくる。一一月九日に記されたこの手紙は、珍しく塞ぎがちな様子である。

幸子、内地は十一月と言へば大夫《ママ》寒くなった事だらうね。
気候の変り目であるから病気にならぬ様に気をつけてくれ。
御母上様も元気か。俺は相変わらず元気だ。
近頃気が短くなり部下を叱る様になって
自分では少し気を長くする様に努めてゐるが仲々思ふ様にならぬ。
精々《せいぜい》気を長くする心算だ。座禅でも組もうと思ってゐる。
部下を叱ると気の小さい者は直《すぐ》にまいってしまふので気の毒だ。

三男さんが率いていた五三一空には、どのような隊員たちが集められていたのか。調べてみると、七〇名近い隊員のなかで、真珠湾攻撃に参加した者はわずかに四名。ベテランと言える搭乗員は、十指にわずかに余る程度である。そしてその大部分が、実施部隊に配属されて日の浅い、予科練出身の若い少年飛行兵たちだった。一九四三年九月に練習航空隊を出たばかりの者も大勢いた。

この頃三男さんの元には、開戦から二年近くが経ち、反撃に転じ始めたアメリカの不気味な動向が届いていたはずだ。それは、千島列島を遠く離れた南太平洋のソロモン諸島で始まっていた。

一九四三年二月に日本軍がガダルカナルから撤退して以来、ラバウルとガダルカナルとの間で一進一退の攻防を続けていた日米の航空部隊だったが、次第に日本の劣勢となり、一一月一日、アメリカ軍は五隻の空母を中心に、ラバウルのすぐ南にあるブーゲンビル島に押し寄せてきた。

これを迎え撃つために、海軍は空母翔鶴、瑞鶴、瑞鳳《ずいほう》などの熟練搭乗員をつぎつぎと送りこんでいく。真珠湾攻撃隊員たちのなかに、一一月上旬以降、戦死者が増えはじめるのはそのためである。一一月五日から二〇日までの間に、わかっているだけで一三人が死亡。これをはるかに超える数の搭乗員が、連日、ソロモンの空で命を落としていった。一一月九日の手紙に見られた三男さんの苛立ちは、この日本軍が置かれた状況と、決して無関係ではなかっただろう。

三男さんが館山航空隊にいた時代に手紙の検閲をしていた飛行長の大串中佐が、戦況が悪化していくなか妻に語った言葉が、戦後の妻の手記に残っている。

【手記より】

館山へ転勤しましてから、鹿屋空に用事が出来たときに三回か四回帰宅しました。その時いつも憂鬱そうでした。

「何も知らずに、ついて来て呉れる部下が実にかわいそうだ。戦闘になり出撃すれば、先ず搭乗員は全滅するだろう。最悪の場合五三一空は全員玉砕も在り得る、せめて、其の一割でも生還出来れば有り難いと思うが……」

私はその恐ろしい言葉に、そんな事が在ってよいものかとゾーッとしました。

このようななか、三男さんと幸子さんは、一一月一五日、結婚して一年の節目を迎える。わずか一年でここまでの波乱に巻き込まれることになると、誰が想像できただろうか。それほどまで、前例のないほどに苛烈で容赦のない戦争だった。

撃墜された天山

そして三男さんにも、最後の時がやって来る。一一月二〇日、アメリカの大艦隊がギルバート諸島にあるタラワ島とマキン島への攻撃を開始し、翌日には上陸を開始した。

一一月二三日、五三一空の所属する第二十四航空戦隊はギルバート諸島から北西に一〇〇〇キロ離れたマーシャル諸島のルオット島に進出を命じられる。一一月二八日に館山を出発した天山一二機が、硫黄島、テニアン島、ブラウン島経由で一二月二日から三日にかけてルオットに進出したことが記録に残っているが、この部隊を率いていたのが、三男さんだと思われる。

そして運命の一二月五日、マキン島とタラワ島を制圧したアメリカ軍機動部隊が、マーシャル諸島沖に現れる。三男さんの部隊は、この日の早朝までにルオットから東に三〇〇キロ離れたウォッゼ島まで進出していたようだ。現地時間の朝九時一五分、塙《はなわ》光太郎少尉率いる先発六機が離陸して攻撃に向かうが、敵を見ず引き返している。

それから一五分遅れた九時三〇分に松﨑大尉率いる六機がウォッゼを発ち、途中、マロエラップ島で魚雷を装着してから三機ごとに出撃した。

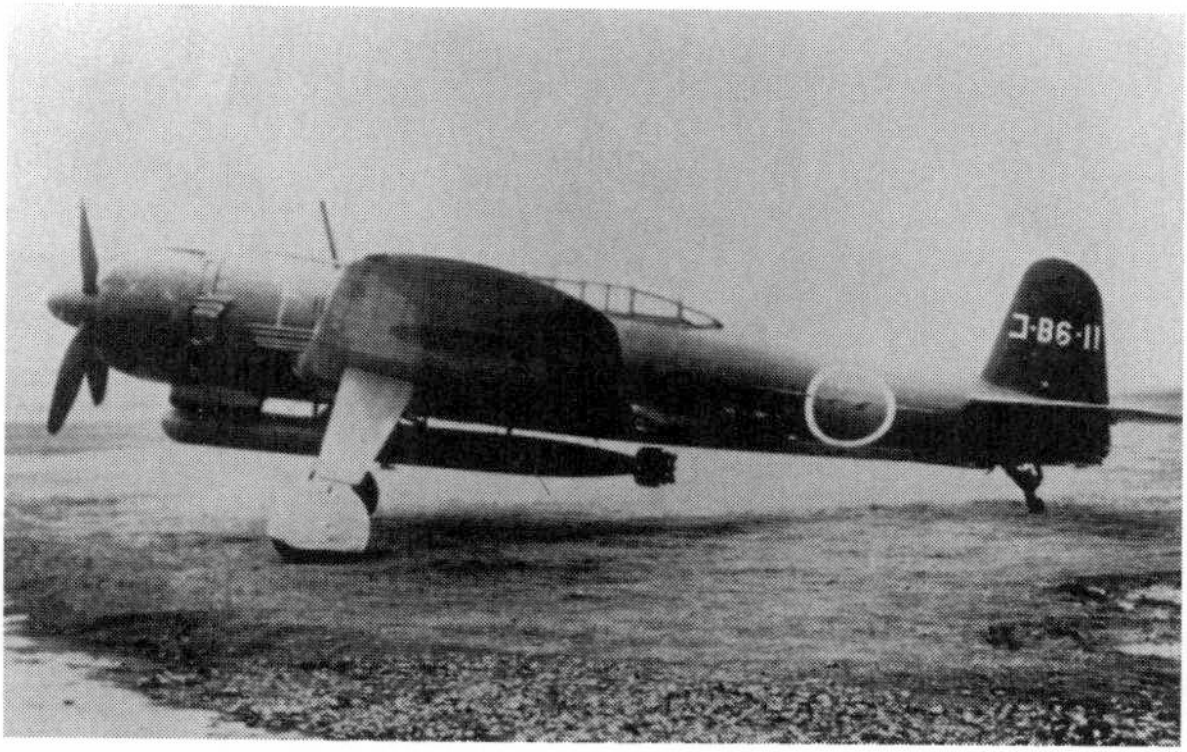

最新鋭攻撃機「天山」

松崎大尉率いる三機が離陸したのが一〇時四〇分、その一五分後、松崎機から雷撃態勢に入ることを告げる電信が届いたのを最後に、音信が途絶えた。

そして、真珠湾攻撃に参加したベテランの伊藤仁飛曹長に率いられて一一時三〇分にマロエラップを発進した残りの三機も、その後一切の消息を絶った。

この日未帰還となった六機のうちの一機が、超低空でアメリカ軍空母に肉薄し、撃墜される様子を捉えた映像がアメリカの国立公文書館に残されている。以前から存在は知られていた映像だが、まさにこの日のものであると特定したのは、大分県宇佐市の職員で戦史研究家の織田《おりた》祐輔《ゆうすけ》さんだ。アメリカ側に残る映像を戦闘報告書と詳細につき合わせ分析することで、埋もれゆく史実をつぎつぎに明らかにしている。

激しい対空砲火をものともせず、空母「ヨークタウン」(二代目)に向かってきたその天山は、魚雷を発射し空母を通過する瞬間、左の翼を吹き飛ばされ、激しい水しぶきを上げながら海中に墜落している。

米軍の戦闘報告書に残された時間からみて、この天山は、後発の三機のうちの一機と考えられると織田さんはいう。それ以外の二機もまた、他の軍艦に向かい撃墜されていた。

一方、松﨑隊が消息を絶ったのとほぼ同じ時間、一機の日本機が空母「レキシントン」(二代目)の雷撃に向かい撃墜されたとアメリカ軍の報告には残っている。もしかしたらこれが、松﨑さんの乗機だったのかもしれない。

出撃前夜の三男さんの様子を、ウォッゼ島にいて生き残った整備兵曹が、戦後手記に書き残している。

【手記より】

陸上指揮所から「射表」を届けるよう連絡があった。(射表とは、爆弾、魚雷を発射するときの高度、速度、風向、風速、偏流〈風の流れに対する飛行機の体位〉等を計算した書類)

急いで指揮所に持参した。指揮所には松﨑隊長がおられた。机の上にはスタンド風の明かりと書類や海図、らしき物があった。隊長は机上作戦に使う木製の飛行機の模型であれこれと飛行機の隊形を検討しておられた。お邪魔してはと、入り口で待っていた。

暫くして、「何だった」と言われ「射表を持参しました」とお渡しした。「オッ、ご苦労」と云われて退室した。

松﨑隊長は海兵出の優秀な操縦員で、練習航空隊の教官をされたり、度々の海戦に参戦された立派な士官で経験も豊富、技量も卓越した方なのに、其の夜の隊長はまるで初陣に出撃する若者のように寝もやらず懸命に作戦を練って居られた。

常に初心に還って、事に当たる武人の姿を目のあたりにし、自らの至らざる日々を反省しました。

部下たちとともに、訓練に訓練を重ねた三男さんの戦争は、こうして幕を閉じた。

【洋祐さん】

「死の恐怖というのもあったと思うんですよね。でも、それは手紙の中には全く触れていないですね。当然意識はしていたのでしょうし、敗色も濃くなっていることも分かっていると思うのですが、留守宅に心配をさせたくないという思いもあったのか。逆にそれが胸を打ちますね。

やはり一番の犠牲者と言うか、惨めな思いをしたのは父親でしょうね。妻のおなかの中に子どもがいるということを知って、その子どもの顔も見ないで、もちろん抱くこともなく太平洋の藻屑となったというのは、かわいそうですよね。それが戦争なんでしょうけど。やっぱり、新婚の母を思う気持ちと、自分の子どもを思う気持ちというのが、この中のほとんどですからね。それを吐露しているっていうのが。その意味で、父の心情を思うと本当にいたたまれない気持ちになりますね。

でもまあ、父の癒やしって言うんですか、母とこういうふうに会話をする時間が癒やしの時間だというふうに言っていますから、これがあったから頑張ってこられたのかも分かりませんね、ここまでね。最後まで」

「二人の別生活は長く続いていても」

三男さんから幸子さんに届いた最後の封書には、一八日から二〇日まで三日分の手紙が収められている。二一日から戦死するまで二週間あまり、それ以降の手紙を、三男さんは残さなかったのだろうか。すべての手紙を読ませていただいたうえで考えると、それはないのではないかと思えてくる。

手紙を書くのが、三男さんの生き甲斐だった。さらに言えば、幸子さんから届く手紙を何より心待ちにしていた三男さんである、これからの手紙をどこに送るべきか、あるいは送り先が決まったら手紙をまとめて出して欲しい旨を伝える封書を、少なくとも戦死するまでの間に送っていたのではないだろうか。

これが帰り道のない出撃となる可能性があることは、三男さんもわかっていたはずだ。仮に手紙を残していたとして、そこには最後まで妻に心配をかけまいと気遣う言葉が綴られていたのか、あるいは目の前に迫る過酷な現実を分かち合う言葉が綴られていたのか。いずれにしても、そこには、妻と息子の未来を思う気持ちがあふれていたのだろう。

そして幸子さんは、この一一月二〇日の手紙を最後の手紙として、そこからの長い人生を、生き抜いていくことになる。

一一月二〇日（全文）
今日も元気で過ごした事と思ふ。俺は至極健康であるから安心して呉れ。
今日内地から輸送機が来たので

懐かしい手紙が来たのではないかと思ってゐたがそれは駄目であった。
でも決して悲感《ママ》しない。
お前の手紙は一通一通一日一日此の地に近づきつつあるのだ。
便船が不便であるので到着しないまでである。

でも当地に来てから貰った手紙は全部で三十通以上ある。
部厚な一冊の本になったから
それを飛行場より疲れて帰って来て読んでいるととても楽しいものである。
そして元気がつく。
時にはお前に逢ひたくなるがそれも今の処では当分の間望《のぞみ》がない。
一日中飛行場に居て緊張してゐる時は唯《ただ》仕事に熱中しているが
日も西の海に没して四辺は薄暗くなる頃やっと宿舎に帰って来ると
此の時こそ自分の時間、否お前と二人の一時である。
そして此の時が一番楽しい時間であって決して淋しい時間ではない。
内地での二人の生活の延長が今こうして遠い戦地で行はれているのである。

千代崎、館山とそして今は精神の上に於て心の中に於て
二人は益々結ばれて行く事であらう。
結婚後日数浅き夫婦生活の経験は
別れて生活する今日までも長く其《そ》の儘《まま》続いてゐるのだ。
楽しい生活の連続であって決して淋しがったり悲しんだりする事はない。
二人の別生活はどれだけ長く続いていてもそれだけ二人は結ばれて行くのだ。
可愛い妻よ。妻といふ字はどれだけ親しく響く字であろう。
お前は今御母上様とそれから半人前の赤ちゃんと共に生活してゐる事であらう。
愉快に其の日其の日を送って呉れ。俺は毎日元気に朗にやってゐるから。
では此の辺で筆を置く。呉々も御母上様に宜敷《よろし》く。

夫より

妻へ

真珠湾	氏名	階級	経歴	出身地	時期
	鷺坂 彌十	一飛曹	乙飛11	静岡	1944.1.30 戦死
	征矢 博門	一飛曹	普電練	長野	
	神田 幸雄	二飛曹	乙飛15	埼玉	
	藤森 初雄	飛長	丙飛10	静岡	
	井勢 吉雄	飛長	丙飛10	大阪	
	松尾 武登	飛長	丙飛11	福岡	
	横山庄八郎	飛長	丙飛11	宮崎	
	逸見 春雄	飛長	丙飛11	山形	
	杉田 昇	一飛曹	甲飛8	宮崎	
	井上 英男	大尉	海兵68	佐賀	1944.2.6 消息絶つ
	久代 博	飛曹長	操練42	京都	
	赤坂 好悦	飛曹長	偵練22	岩手	
	吉岡 道雄	一飛曹	甲飛8	石川	
	小林 政信	一飛曹	乙飛12	北海道	
	山崎 啓三	一飛曹	乙飛12	岡山	
	矢島 哲	一飛曹	乙飛12	長野	
	田沢 喜一	一飛曹	乙飛13	茨城	
	森 資隆	一飛曹	乙飛14	愛知	
	長瀬 兵衛	一飛曹	丙飛3	岐阜	
	坂手 大繁	一飛曹	丙飛3	岡山	
	浜崎 純利	一飛曹	丙飛3か4	鹿児島	
	鹿野内正一	一飛曹	丙飛4	山形	
	萱原 重典	二飛曹	乙飛15	岡山	
	小田 博	二飛曹	乙飛15	大阪	
	樋口 弘良	二飛曹	乙飛15	新潟	
	野田 勝	二飛曹	乙飛15	熊本	
	幸田 卓	飛長	丙飛10	徳島	
	高嶋 隆行	二飛曹	丙飛11	福岡	
	田代 金六	飛長	丙飛11	栃木	
	安田 善樹	飛長	丙飛11	香川	
	中村 佐美	飛長	普電練	東京	
	合田 邦男	二飛曹	丙飛7か8	兵庫	1943.8.13 訓練中殉職
	松村 嘉吉	飛長	丙飛11	鹿児島	1945.4.6 特攻戦死

真珠湾	氏名	階級	経歴	出身地	時期
◎	松崎 三男	大尉	海兵65	長野	1943.12.5 戦死
◎	伊藤 仁	飛曹長	甲飛3	山口	
	兒子 力	飛曹長	乙飛5	岡山	
	中原 善一	飛曹長		宮崎	
	橋口 実	飛曹長		宮崎	
	馬場 将尋	上飛曹	操練46	長野	
	尾美 與平	一飛曹	甲飛8	長野	
	山本 二郎	一飛曹	乙飛12	和歌山	
	中島 三郎	一飛曹	乙飛13	千葉	
	遠藤 三郎	一飛曹	乙飛13	千葉	
	池田 政雄	一飛曹	丙飛2	富山	
	福田 栄	一飛曹	丙飛9	群馬	
	安藤 英雄	二飛曹	乙飛15	岡山	
	渋谷 清喜	二飛曹	乙飛15	佐賀	
	山田 光雄	二飛曹	丙飛9	茨城	
	浜田 文三	飛長	丙飛9	三重	
	小吹庄次郎	飛長	丙飛10	茨城	
	山元 良男	飛長	丙飛10	岡山	
	松本 荘平	飛長	丙飛11	埼玉	
	大串 秀雄	少佐	海兵57	佐賀	1943.12.19 消息絶つ
	小林伊三郎	飛曹長			
	清水 俊幸	上飛曹			
	山根 照登	一飛曹			
	高木 直明	飛長	丙飛10	神奈川	
	塙 光太郎	少尉	予備学生10 (慶應大学)	東京	1943.12.24 戦死
	東島 冨士夫	上飛曹	操練	大分	
	宮川 洵治	二飛曹	乙飛15	岩手	
	召田 俊男	少尉	乙飛2	長野	1943.12.25 戦死
◎	遠間 万喜太	飛曹長	甲飛3	群馬	
	桜井 七男	一飛曹	乙飛13	長崎	
◎	石川 重一	飛曹長	甲飛1	香川	1944.1.30 戦死
	広池 一二三	上飛曹	甲飛4	大分	
	窪谷 明郎	上飛曹	甲飛5	宮崎	
	福富 勝造	上飛曹		茨城	
	岡 芳美	一飛曹	甲飛9	佐賀	
	甲賀 正二	一飛曹	乙飛11	新潟	
	大久保 秀雄	一飛曹	乙飛12	長崎	
	川村 善吉	一飛曹	乙飛13	愛知	
	塚本 喜代次	一飛曹	乙飛13	静岡	

五三一空の隊員たち

第五章　特攻命令という絶望

禁断の作戦の始まり

真珠湾攻撃から丸二年が経ち、アメリカ軍の空母部隊を中心とする本格的な反攻が、いよいよ始まった。こうしたなか迎えた一九四四年は、アメリカとの決戦に備えてきたはずの海軍航空隊が立ち直れないほどの打撃を被り、時間をかけ育て上げてきた搭乗員の多くを失った年だった。

日本本土空襲をもくろむアメリカが長距離爆撃機B29の基地を手に入れるため、サイパン・グアム・テニアンなどマリアナ諸島に来襲することを日本軍は予測しており、これに決戦を挑んだ。六月から八月にかけて行われたマリアナの戦いだ。

だが、「翔鶴」「瑞鶴」をはじめとする九隻の空母の艦載機と、島々に進出させた基地航空隊で迎え撃つという作戦は、圧倒的なアメリカの航空戦力の前に失敗に終わる。

六月一九日から二〇日にかけて行われた「マリアナ沖海戦」で、日本側は空母の搭乗員だけで四〇〇人以上を失った。そのうち少なくとも三六人が、真珠湾攻撃隊員だった。

その後もアメリカ軍の進撃は止められず、一〇月の「台湾沖航空戦」では三七人、「レイテ沖海戦」では一一人の真珠湾攻撃隊員が戦死している。およそ九〇〇人いた搭乗員の三分の二にあたる、六〇〇人以上がこの時点で姿を消していた。

質でも量でも太刀打ちできなくなっていった日本軍は、ついに、禁断の作戦に踏み切っていくことになる。爆弾や魚雷を抱えた飛行機による体当たり攻撃、特攻である。それが初めて戦果を挙げたのは、一九四四年一〇月二五日、フィリピンでのことだった。

二〇人の「特攻戦死」

本書末の「真珠湾攻撃搭乗員一覧表」には、一九四四年一〇月二五日、まさに特攻が始まった日に、一名が「特攻戦死」したと記されている。表番号一九五の大西春雄《おおにしはるお》飛曹長。第一章の北原さんと同じ加賀雷撃隊の一員として真珠湾攻撃に参加し、その後、艦爆の偵察員となり、この日を迎えた。

このリスト上で「特攻戦死」とされているのは二〇人。これは、特攻隊戦没者慰霊平和祈念協会が公式にまとめた戦死者名簿に依っている。ただし、同じ「特攻戦死」でも、その任務はさまざまだった。文字通り、爆弾を搭載した飛行機で敵艦に体当たりする任務を与えられた者もいれば、彼らを敵艦隊の上空まで誘導・護衛しその戦果を確認するよう命じられた者もいる。

大西さんは、フィリピン・セブ島を出撃し、レイテ島東方海上の敵艦隊に突入した「大和隊」の一員だった。体当たりをするのは、爆弾を装着した二機の零戦を操縦する若い搭乗員。大西さんはもうひとりのベテラン操縦員とともに艦爆に乗って敵艦隊の上空まで誘導・護衛するのが任務だったが、未帰還となり、「特攻戦死」とされた。

続いて「特攻戦死」となったのは、一一月一九日の平野晴一郎《ひらのせいいちろう》飛曹長。真珠湾では大西さんと同じ加賀の雷撃隊員で、フィリピン・ルソン島にあるクラーク基地から「銀河」という攻撃機に乗って雷撃に出撃して未帰還となった。敵の制空権下の決死の出撃だったため、死後、特攻隊員と同様に扱われ、二階級特進して中尉となっている。

そして、その六日後には南義美《みなみよしみ》少尉が特攻戦死している（表番号八六六）。ルソン島北部のエチアゲから出撃する三機の零戦「笠置隊」の護衛機として出撃し、未帰還となった。操練三〇期のベテランで、妻と息子がいた。

ちなみにその一ヵ月前、一〇月二五日におこなわれた「レイテ沖海戦」の様子を捉えた日本ニュース第二三二号には、母艦を失った零戦が鮮やかな不時着水を決め、無事に救助される様子が映し出されているが、これは南少尉だと言われている。

日中戦争で初めての戦場を経験し、以来、真珠湾、インド洋作戦、珊瑚海海戦、マリアナ沖海戦、レイテ沖海戦を生き抜いてきた南少尉は、絶望的な戦いに駆り立てられていく若者たちをどのように見つめていたのだろうか。

来るかわからない未来

そうしたなか、爆弾を装着し敵艦に突入する最初の真珠湾攻撃隊員となったのが、一九四五年二月二一日に戦死した原田嘉太男《はらだかたお》飛曹長だった。

鳥取県米子の農家に長男として生まれた嘉太男さんは、赤城艦爆隊の偵察員として真珠湾攻撃に参加した。嘉太男さんが真珠湾の直前に母のつる子さんに送った手紙には、適齢期を迎えた息子のためにあれやこれやと世話をしようとする母に「一生の伴侶として良き人自分の眼で選びますから安心して下さい」「来年頃はと思って居ます」と書き送っている。

だが真珠湾後、嘉太男さんが結婚に向けて動いた形跡はない。それは、艦爆隊員が直面した過酷な運命と無関係ではないかもしれない。真珠湾では、艦攻が五機、零戦が九機未帰還となったのに対し、艦爆の犠牲は一五機。赤城の戦闘行動調書には、原田さんの機体にも多くの銃弾が命中していたことが記されている。

猛烈な対空砲火のなかを一直線に急降下していく艦爆は、その後も大きな犠牲を出しつづけた。紙一重で生と死が分かれる戦場を目の当たりにした嘉太男さんにとって、その人生のなかに結婚を位置づけることは、容易なことではなかったのだろう。

そんな嘉太男さんが、一九四四年一〇月、突然、結婚をすることとなった。故郷の母への手紙で、母の決めた女性と結婚する、と伝えてきたのだ。つる子さんが選んできた相手は、米子で造り酒屋を営む家の娘、達子《たつこ》さん。嘉太男さんの訓練基地があった愛媛県の松山に両家の親と達子さんがやってきて、式は挙げられた。

嘉太男さんは、その年の六月に行われたマリアナ沖海戦に空母「飛鷹《ひよう》」から出撃し、辛くも生還している。そして、マリアナで壊滅した部隊を、松山の基地で訓練し建て直しているところだった。

この海戦で嘉太男さんは、三人の同期生をはじめ多くの戦友を失った。自分の命ももう長くはないかもしれない、と覚悟したに違いない。だが一方でそれは、来るかわからない未来でもあったし、生き延びる運命にあるかもしれなかった。結婚を先延ばしにしている間に、嘉太男さんも二五歳になっていた。

その時の嘉太男さんの気持ちを、戦後、嘉太男さんに代わって家を継いだ弟の昭さんは、こう推し測っている。

【昭さん】

兄は、この戦争を生き抜くことの難しさを骨身に沁みて感じながら、家の長男として跡取りを残すという務めも果たさなければならないと考えたのかもしれません。そしてそのことを理解してくれた達子さんとの見合いに、踏み切ったのでしょう。

硫黄島への特攻という重責

嘉太男さんは、松山で達子さんと四ヵ月の新婚生活を送った後、一九四五年二月中旬、千葉県にある香取基地への進出を急遽命じられる。そこで、新型の艦爆「彗星」を使った特攻隊が編成されることが伝えられる。

松山で結婚式を挙げる原田嘉太男さん・達子さん（1944年10月）

目的地は、千葉の南一〇〇〇キロ離れた硫黄島だった。直前の二月一六日に艦砲射撃が始まり、間もなくアメリカ軍の上陸が予想されていた。硫黄島まで二時間近く大海原の上を飛び、島周辺の海域にいる敵空母を発見し、これを撃沈する。この困難な任務を遂行す

出撃前の嘉太男さん。左が中川飛曹長、右が平迫飛曹長

るには、練度の高い偵察員が必要だった。そして、艦爆、艦攻、戦闘機合わせて三二機六〇人を率いる隊長機の偵察員として選ばれたのが、嘉太男さんだった。

この日が来ることを、嘉太男さんはあらかじめ、達子さんと細やかに話していたのだろう。出撃前夜に達子さん宛に残した遺書には、「言ふべきことは松山で言った通り。最後に女々しく何も言はぬ」「元気で暮せ。明日は征くぞ」と記し、「最愛の達子殿」としめくくっている。

出撃直前の嘉太男さんをとらえた写真がある。向かって左に立つのは、蒼龍艦爆隊として真珠湾攻撃に参加した中川紀雄《のりお》飛曹長。右に立つのは、真珠湾には参加しなかったものの、ミッドウェー以来の激戦を生き抜いてきた平迫孝人飛曹長。嘉太男さんと肩を並べる二人の熟練搭乗員の複雑な表情が、胸を打つ。

ただひとり、吹っ切れたような嘉太男さんの表情は、この期に及んで見苦しい真似はしたくないという、せめてもの矜持だったのかもしれない。

「第二御楯隊《みたてたい》」と名付けられたこの隊で唯一の真珠湾攻撃隊員として、編隊の先頭を飛ぶ隊長機の偵察席に乗り込んだ嘉太男さんは、その重責を全うした。この隊は、夕暮れ間近の硫黄島近海にアメリカ艦隊を発見し、一隻の空母を撃沈し、一隻を大破させ、他にも多くの艦艇に損害を与えた。それは絶望的な戦いを続ける硫黄島の陣地からも望見され、将兵を勇気づけたという。

「行きたくはないですけど、私ひとりじゃありませんから」

だがこうした崇高な自己犠牲が、負の連鎖に陥っていくのが、終戦間際の日本軍だった。この第二御楯隊の戦果を聞いた昭和天皇は、海軍の作戦立案の責任者である軍令部総長の及川大将に向けて「硫黄島に対する特攻を、何とかやれ」と命じている。

蒼龍艦攻隊の一員で、現在唯一の真珠湾攻撃隊の生き残りである吉岡政光《よしおかまさみつ》さんは、この直後、特攻出撃命令を受けることになる。

吉岡さんはミッドウェー海戦の直前、辞令を受けて練習航空隊の教員として三重県の鈴鹿航空隊に赴任し、一九四四年に再び実施部隊へと配属された後、艦攻から艦爆に機種を替わってペリリュー、フィリピンと転戦したのち、艦爆の練習航空隊である茨城県の百里航空隊で教官になっていた。そこでのことである。

【吉岡さん】

硫黄島に特攻行けって。なんだ、これひどいじゃないかってね。燃料満タンにしてもね、届くか届かないか分からないじゃないですか。途中で故障しても、帰ってこれないじゃないかって。ひどい特攻だって思った。

吉岡さんたちが百里空で訓練に使っていたのは、真珠湾攻撃に使われた九九式艦上爆撃機だった。皇紀二五九九年（一九三九年）に制式採用されたためこう名付けられた真珠湾攻撃の立役者は、長く激しい戦争のなか、すでに時代遅れとなっていた。原田嘉太男さんたち第二御楯隊に与えられた艦爆は、新鋭機の「彗星」だった。その彗星より、速度も航続距離もはるかに劣る九九艦爆で突っ込めという命令である。

【吉岡さん】

それで初めてですね、遺書を書きました。遺書を書いて送ったんですね、家内に。家内がちょうど子どもができて、実家に帰っていたんですよ。東京の千駄ヶ谷にいたんですけどね、そこに出して。何を書いたってしょうがないけど、あんな負け戦ですからね、天皇陛下とか何も書かないですよ。ただ特攻になったからって。近日中に出ますって。ずいぶん長く書いたと記憶があるけど、身の振り方なんかを書いたのではないかと思うんですけどね。

――妻を残して出撃しなければいけなくても、仕方ないと思っていたのですか？

【吉岡さん】

もうね、行かなくちゃならないと思ったですね。しょうがない。死ぬまでやらなくちゃ駄目なんだなって思ってですね。行きたくはないですよ。行きたくはないですけど、私ひとりじゃありませんからね。他にもたくさん行っていますからね。

「もう出なくていいんですかね」

この時、吉岡さんの頭には、フィリピンから出撃したひとりの特攻隊員の姿があった。

特攻が始まった一九四四年一〇月、セブ島の基地にいた吉岡さんは、指揮所での当直中、立教大学から海軍に入った植村眞久という少尉に出会っている。

植村さんは、大学生や専門学校生から志願を募って短期間で航空士官を養成する「予備学生」という制度の一三期生だった。アメリカとの戦争で搭乗員がつぎつぎと戦死していくなか、不足する士官を補うために大量採用された一三期生たちは、学徒出陣が行われるより前の一九四三年九月、国の危機を救おうとみずからペンを置いて海軍に入隊した志願者たちだった。

【吉岡さん】

植村少尉は、大学時代スポーツの選手をやっていたって言っていて。背はあまり高くないですけど、がっちりした男で、奥さんと娘がいるという話でした。

「私は佐世保から来たんですよ」って。「そうですか」って言って。「佐世保を出る時にね、東京の家に電話を掛けて、娘が一人いるから、娘は寝ているって言うけど、起こして一声聞きたいからって言って電話の前で子どもを泣かせて、泣き声を聞いてきた」なんて話をしてくれたんですね。「ああそうですか」って聞いていて。

吉岡さんが植村少尉と言葉を交わす少し前、セブ基地は敵機の空襲を受け、植村少尉らが出撃するはずだった零戦はその空襲で破壊されたという。「もう出なくていいんですかね」と吉岡さんに語った植村少尉は、その後、新たに用意された零戦に乗り、一〇月二六日、セブ基地から出撃し、帰らなかった。

【吉岡さん】
本心では、出たくないいんだろうなと思ったんですよね。もう出なくていいんですよね、なんて聞いてきたからね。彼は少尉で私は飛曹長だったけど、私が古い兵隊だというのを見て、彼もそういう本音を漏らしたのかもしれないですけどね。

吉岡さんが受けた、九九艦爆で硫黄島に突入せよという命令は、到底実現不可能であると上層部が悟ったのか、すぐに取り消されたようだ。だが、さらなる特攻命令が追い打ちをかける。一九四五年三月のことだった。

【吉岡さん】
三月の初めに、突然こう言われたんです。「吉岡さんあんた特攻隊になっているよ」って。「どこだ、誰にも言われてないよ」「黒板に書いてありますよ」。「どこの黒板だ」って言ったら「指揮所の黒板です」って。で見に行ってみたらね、黒板にね、指揮官が矢板《やいた》大尉、後席吉岡飛行兵曹長って書いてある。それで、その後に隊員の名前がずらっと。四〇機、ありゃ、全部じゃないかってことで。

成功する見込みなんてないじゃないですか。飛行機は古いわ、数は少ないわ、護衛の戦闘機はついてこないわ。しかも部品がなくて馬力が出ないわ。そんな状態でね、特攻だ、特攻だって言ってですね、クソ面白くなくてですね。

だけど断るわけにはいかないから。隊長とも、別に話はしなかった。仕方ないからですね。隊長だって仕方がない。

この特攻は、間もなく沖縄に攻め寄せてくると予想されたアメリカ軍を迎え撃つためのものだった。鹿児島県にある第二国分《こくぶ》基地（現在の鹿児島空港）へ進出し、そこから沖縄に向けて出撃するのだという。

だが結局、百里空は隊員全員が乗るだけの艦爆をそろえることができなかった。そこで、指揮を執る矢板康二大尉は、後発隊を自らが率いることとし、先発隊は兵学校の二期後輩にあたる桑原知大尉（海兵七一期）に指揮を委ねることになった。

あるベテラン搭乗員の結婚

特攻出撃することになった先発隊一四機二八人のなかに、開戦以来戦い抜いてきた三人の飛曹長がいた。そのうちのひとり、隊長機である桑原大尉の偵察員を務めていたのも、真珠湾攻撃に参加していたベテラン搭乗員だった。彼のことを、吉岡さんは、問わず語りに教えてくれた。

吉岡政光さん

【吉岡さん】

思い出されますね……。なるべくね、もう思い出さないようにしているんだけど、どうしてもやっぱり思い出すんですね。ある人が、特攻隊って指名されてから結婚した人がいるんですよ。そういう人のことを思ったりね。どういう気持ちで死んでいったのか……。死んでしまったらうちが絶えるから、結婚して子ども作ってくれって、で結婚しちゃった。で、子どもができたかどうかは知りませんけどね。

もう死ぬのは分かってね……。こればっかりはちょっと言えないけどね、何とも言えないけれど。良いことか悪いことか、これはちょっと……。

難しいでしょ！　言えないでしょ！　それ以上のことは言いたくないけどですね。

私も言いにくいけれど、私なら結婚しないなって思ったですね。


それは、衝撃的な話だった。吉岡さんも、言葉を選びながら慎重に語っていたのが強く印象に残っている。そして最後、「難しいでしょ、言えないでしょ」と言う時の表情には、何に向けていいのかわからないといった、強い怒気が含まれていた。

そのようなことが実際にあったのか。あったとしたら、それはどのような思いからだったのか。取材を進めたいと思う反面、遺族を探すことに躊躇したのも事実だった。その結婚は、遺族に深い傷を残しているかもしれなかった。そこに踏み込むには、自分のなかで、これが本当に必要な取材なのか考える時間が必要だった。

命を繋ぎ、家を繋ぐことが大切だった

二〇二一年一〇月、ようやく決心がつき、その隊員の戦時中の本籍を調べ、取材に向かうことにした。吉岡さんの話を聞いてから、半年近くが経った頃だった。

岩手県北部にあるその山あいの村は、雨上がりで肌寒く、人の気配がなく寂しげだった。江戸時代、その地を受領した南部藩の家臣が、土地が貧しく割に合わないために藩に返上したという謂われがそのまま地名に残る、そんな村だった。

八〇年前の番地はすでに使われていなかったが、近い番地で同じ苗字の家があったので訪ねてみることにした。七〇歳前後くらいの親切な女性が、話を聞いてくれた。「真珠湾攻撃に参加して、最後は特攻で亡くなった方の遺族を探している」と伝えたところ、そういう人は聞いたことがない、とのことだった。

ちょっと離れたところに、村の歴史に詳しい遠縁の男性が住んでいるという。ぜひ話を聞いてみたいというと、一緒についてきてくれた。耳が遠いというその男性は、呼び鈴を鳴らしても出て来ず、その女性が家の奥まで入って行って事情を説明し、玄関まで連れて来てくれた。当時小学生だったこの男性は、村の誉として名高かったその搭乗員のことを、よく覚えていた。

お嫁さんをもらいました。そして、何日も一緒に寝て行って、戦死をして帰ってこないところに子どもはいなかったみたいだから、実家さ帰ってしまった。で、実家からまたさらにどこかさお嫁に行ったという話であったっけな。

その人、果たして生きているものだか生きていないものだか、俺でさえ八六になりますから、生きていても百歳近いから、多分生きていないのではないですか。

あの当時、召集令状が来ると、特に農家の長男さ、慌てて嫁っこもらう風習があったみたいです、ここら辺では。跡取りを作るために。この辺ではそういうのが常識だったみたい。結婚式をやらない前から連れてきて、一緒に夫婦生活させたところがなんぼもありましたよ。あと一ヵ月とかでみんな戦争さ行くっていうんだから。


今から八〇年前、この村の人びとにとって大切なこととは、どんな困難な状況にあっても、命を繋ぎ、家を繋いでいくことだった。それは、生き物としてのそもそもの本能でもあり、そのようにして、社会は築き上げられてきた。そのことを無視して、この村で起きていたことを悪しざまに言っても、意味がない。

また、戦争が長引き、戦死者が膨れ上がっていくなかで、結婚適齢期を迎える女性の家族にとって大きな問題となっていたのは、いかに娘の相手を見つけるかだった。仮に嫁いだ相手が戦死しても、子どもがいれば、その家に留まる道も開けてくる。女性の就職先が今のように多くなかった時代、それはひとつの、生きるための選択肢だった。

この家は、村のなかでも模範となる立場にあったという。父親は役場の助役を務め、その傍らリンゴ栽培を手広く行い、貧しい村のなかにあって家を繋ぐ術を心得ていた。特攻隊員に任命された青年は、その家の長男だった。幼い頃から優秀で、父親も期待を寄せていたという。片道三時間かかったふもとの中学への通学時間で、分厚い英語の辞書をすべて覚えてしまったという逸話が、この遠縁の家にも残っているほどだった。

嫁に来たのは、ふもとにある町で商売を営む家の娘だったという。女学校を卒業し、以前から進んでいた縁談を急きょ取りまとめるかたちだったようだ。それにしても、間もなく死ぬことがわかっている男に嫁ぐことになった当の女性は、どのような思いでこの村にやってきたのだろうか。この遠縁の男性は、当時の時代の空気を思い出しながら、こう教えてくれた。

そういう人と結婚するのは名誉でもあったんじゃないですか。名誉だったのよ。子どもでもできていたら、しかも男の子でも生まれれば、またさ、学校さ入れて。それがお国のためだと思うような時代でしたから。
「あねさん」って呼んでいました。この辺では嫁さんが来れば、名前では呼ばない。あねさんとか、あねっこさんとかって。きれいな人で、ずいぶん何かこう、女としてはきかないような人だった。

この辺では我慢強く頑張るような女の人を「きせご」と呼ぶ。丈夫だっていう意味。元気がいいっていう。きれいな人で、その当時の時代には、まあ立派な考えの人だったべ。特攻さ行って帰ってこないのが分かっているようなところさ、今の人なら誰も嫁に行く人はいない。そういうのが分かっていて来たんでしょうから。

おそらくふたりは籍を入れていなかったのだろう。遠縁の男性の話では、この隊員が戦死したという知らせが届いた後、一ヵ月ほどで女性は村を離れたという。

隊員の母親は、道端で会ってお悔やみを言っても、涙ひとつ見せない気丈な方だったそうだ。父親は、戦後まもなく脳溢血で亡くなっていた。戦死した隊員には、ふたりの弟がいたが、ふたりとも教職について村を出て行き、「最初の東京オリンピックが開かれたころ、盛岡に腰を据えた三男が母親を引き取った」と、その男性は教えてくれた。

村の共同墓地には、この一家の墓はすでにない。墓を盛岡の寺に移す際、遺骨の箱を開けてみたところ、髪の毛だけが入っていたそうだ。

教えられて、この隊員の家が建っていたという場所に向かってみた。村人が「追分」と呼ぶその場所は、ふもとからのぼってくるふたつの小道が、ちょうど交わる場所にあった。かつては多くの人が行き交ったというが、今は通る人はほとんどなく、茅葺きの大きな家が建っていた跡は、がらんとした空き地になっていた。

僕はこの場所に来てみて、かつてここが、時代に翻弄された男と女の人生が行き交った舞台だったことも、間もなく完全に忘れられていくのだと改めて気づかされた。なぜならその空き地は、僕がこの村で最初に訪ねた親切な女性が住む家の、すぐ隣の敷地だったからだ。

沖縄をめざして

防衛研究所に残る出撃記録には、この隊員は一九四五年四月六日午後一時三〇分過ぎ、一四機の先頭を飛ぶ隊長機、第一小隊一番機の偵察員として第二国分基地を出撃したと残っている。この特攻隊は第一小隊から順に離陸し、小隊ごとに沖縄をめざした。

この日は、直前の四月一日に沖縄本島に上陸を始めたアメリカ軍を迎え撃つため、陸海軍合わせて数百もの特攻機が沖縄をめがけて出撃した「菊水一号作戦（陸軍名は第一次航空総攻撃）」が行われた日だった。

一四機のうち一機は出撃できず、四機は発動機不調で引き返し、そのうち二機が後を追うように再出撃している。計一一機。この隊から出撃した九九艦爆には、通常の二五〇キロ爆弾に加え、突入した時の効果を最大限にするため、さらに四発の六〇キロ爆弾が搭載されていたと隊の記録にはある。ただでさえ旧式となっていた飛行機を与えられた搭乗員らにとって、それは過酷な任務だったはずだ。

特攻機は、敵艦隊の上空に到達して攻撃態勢に入るとそのことを電信で報告してくることになっており、記録にも残される。この日の隊長機の欄を見てみると、ただ「未帰還」とのみ記されている。

彼らはどのような運命をたどったのか。それを推測させてくれる手記が残されている。手記の主である濱園重義《はまぞのしげよし》さんは、沖縄に向かった一一機のうちの一機、第四小隊の三番機を操縦していた。一九四三年一一月にラバウルで初陣を迎え、空母に乗り込んでマリアナ沖海戦にも参加し、この時出撃したなかでは数少ない実戦経験者だった。彼が操縦する飛行機は、隊長機から一五分ほど遅れて離陸した。

【手記より】

エンジン一杯、地上でもタイヤが重いとうめいているようである。なかなか速力が増さない。飛行場一杯使っても浮き上がらない。操縦桿を少し引いて浮き上がらせたが、なかなか上昇しない。桜島の右側を通過するときは（高度）二〇〇メートルやっとであった。

鹿児島市の南にある喜入《きいれ》という海沿いの集落出身の濱園さんは、実家の上空から言伝を書いた鉢巻を落とし、「ラバウルに行くときは富士山が見納めであったが、今度は開聞岳《かいもんだけ》に向かって決別の敬礼をする。あの時は、生きて必ず見たいと、夢と希望で一杯であったが、今度は夢も希望も総て零」という気持ちで、沖縄をめざしていった。

そして、出撃から二時間が過ぎ、重く垂れこめた雲のなかから間もなく敵艦隊が姿を現そうかという時のことだった。

【手記より】

小雨が降ってきて、風防に線を引いて雨が走っている。左前方、雲の少し切れ間に白い物が二、三光った。戦闘機である。レーダーで誘導されていること間違いない。そうでなければ、この天候で我々を発見できる訳がない。

一番機に手先で合図をしたが、実戦の経験のない悲しさでどうしても了解しない。それと同時に（後席の）中島兵曹には『敵を見た。一分以内に後上方、最悪の状況は免れない。機銃はその方を向け、しっかり見張れ』と大きな声で連絡した。

それから数秒も経過しただろうか。後上方の最悪の角度から曳光弾一〇〇発位が降ってきた。戦闘機にしてみれば一〇〇点満点の位置である。曳光弾が光った瞬間に右手は操縦桿を左一杯、左足一杯の垂直旋回に入れていた。これで、目標面積は最小限になるのである。曳光弾が機体の周りを走った。

ふと後方を見ると大きな火の玉が二つ落ちてゆく。一番機、二番機かも知れない。一撃で二機撃墜されたと私は思った。

襲ってきたのは、アメリカ空母から飛び立った、F4Uコルセアという戦闘機だった。空戦性能は九九艦爆をはるかにしのぐ。一〇〇パーセント死を覚悟したという濱園さんだが、爆弾を捨て、海面すれすれに降りて次々と襲いかかってくる戦闘機の射線をかわしつづけ、重傷を負いながらもなんとか敵の攻撃を振りきることに成功した。

そして、雨風が強まり、一〇〇メートル先も見えないという状況のなか、針路を薩摩半島南端の開聞岳の方向にとり、穴だらけの機体を必死に操ってようやくそのふもとまでたどりつき、日が落ちて真っ暗闇となった知覧の畑の中に不時着して奇跡的に生還した。

岩手県の故郷に未婚の妻を残して出撃した真珠湾攻撃隊員の乗る飛行機も、このように沖縄の手前で待ち構えていたアメリカ軍の戦闘機に襲われ、撃墜されたのかもしれない。

外された無線帰投装置

吉岡政光さんは、後発隊に回された自分の代わりに隊長機に乗り込み戦死していったこの隊員の、出撃前の最後の姿が、強く記憶に残っているという。

【吉岡さん】

今から死のうかというのに、特攻に出ようという前にね。ク式無線帰投装置（無線帰投方位測定器「クルシー」）ってあるでしょ。それを外せと言われたんですね。特攻機に付いていたんですよ、クルシーが。でも、突っ込むんだからいらないだろうということですね。

そうしたらこの人、機体の下に潜って汗をかいて外して、そして出撃していったんですよ。それでよく覚えているんですよ。今から死のうと言うのにね。そんな無理しないで、他の人にやらせればいいのにね。自分で外してね。

……だけど、その人は、明るい顔していったなぁ……。出発する時に。非常に明るい顔をして。それだけ印象に残っています。甲飛だったですね。なるべく忘れたいと思っているんだけど、思い出される。とても明るい顔をしていて、良かったのかなって思ってですね……。

同じ日、鹿児島県の串良基地から出撃した「第一八幡護皇艦攻隊」では、米山茂樹飛曹長が隊長機の操縦員として突入し、戦死している。翌七日には、一六六頁の写真で原田嘉太男飛曹長の隣に立つ中川紀雄飛曹長が、「第三御楯隊」の隊長機の偵察員として鹿児島県の第一国分基地から出撃し、戦死した。米山飛曹長は、妻とふたりの娘を残しての出撃だった。そして、沖縄戦の敗北がすでに決定的な五月二五日に出撃した吉田湊飛曹長まで、二〇人が特攻隊員として戦場に散っていった。

真珠湾攻撃隊員、最後の戦死者

こうして、太平洋戦争の文字通り最初から終わりまで三年半におよぶ真珠湾攻撃隊員たちの戦争は、幕を下ろしていった。宿敵アメリカに一矢を報いたと真珠湾上空で凱歌をあげたあの日、ここまでの悲惨な落日は、誰も想像し得なかっただろう。それほどまでに異次元で苛酷な戦いだった。

一九四一年一二月八日の最初の戦死者から数えて、現在わかっているだけで七〇四人目、最後の戦死者は、八月一四日に茨城県の香取基地から出撃して消息を絶った、乙飛九期出身の、佐々木隆寿さん。真珠湾攻撃を迎えたのは空母蒼龍に配属されたばかりだったため、当日は「予備員」となり出撃機会は与えられなかった。

二〇歳前のあどけなさの残る少年飛行兵だった佐々木さんは、その後、ラバウル、レイテ沖海戦を生き抜き歴戦の飛曹長になっていたが、終戦の直前、関東の沖合に姿を現したアメリカ艦隊の攻撃に向かい、消息を絶った。

同期生の回想によれば、大柄な上体をゆすって歩く姿が印象的で、東北なまりの残る、美男子だったという。

第六章　妻と子どもの長い戦後

困難な再出発

長く続いた戦争は、ようやく終わった。辛くも生き延びた隊員たちは、部隊ごとに解散を命じられ、家族の元へと戻っていった。だが真珠湾攻撃の頃、すでにベテランの域に達していた搭乗員たちにとって、再出発は簡単なことではなかった。

蒼龍の零戦隊として真珠湾攻撃に参加し、ミッドウェー海戦で敵の爆撃により大やけどを負った田中平《たなかひとし》さんは、終戦時三四歳、妻と二人の子どもを抱えて、山口県の岩国近くで農業を営む実家に戻った。

だが、次男だった平さんは、跡取りの長男を何より大事にする農家の古いしきたりに嫌気がさし、間もなく、同じ岩国で商売を営んでいた妻の実家の近くに移り住んでいる。当初は、再びパイロットになる希望も持っていたようだが、「せっかく命が助かったのに……」と妻の愛子さんらの同意を得られず、やがて、近所の企業にサラリーマンとして就職した。

「零戦のパイロットがあんなことしとるんじゃけんの。かわいそうじゃ」と言う人もいたそうだが、そんなことにかまっている場合ではなかった。皆、生きるのに必死だった。一九四四年生まれの息子茂《しげる》さんと妻の知子《ともこ》さんは、平さんが晩年、その当時の心境を「世が変わったから、自分も変わった。昔のままならできはせん」と語るのを聞いている。

夫がいて、妻がいる。そんな家庭でも、敗戦後の日本で生きる糧を見つけていくのには、多大な困難が伴った。戦死者の家族が過酷な戦後を送ることになったのは、言うまでもない。あとに残された真珠湾攻撃隊員の妻、そしてその子どもたちは、がらりと様相を変えてしまった世の中を、どのように生き抜いていったのか。

真珠湾を撮影した隊員

二〇二一年八月、僕は千葉県九十九里町に、ある遺族を訪ねた。九十九里の海岸沿いに走る国道を北上し、左折して町役場を過ぎたあたりで車を停めると、ひとりの男性が待っていてくれた。

布留川《ふるかわ》純さん。純さんの父・義一《ぎいち》さんの兄にあたる布留川泉《いずみ》さんは、海軍兵学校の六三期出身で、六隻の空母のなかでも腕利きが特に集められたという旗艦「赤城」の水平爆撃隊の一員として真珠湾攻撃に参加した。

三人乗りの九七艦攻の真ん中の席に座る偵察員だった泉さんには、本来の任務以外に、ある特別な役割が与えられていた。それは攻撃の一部始終を、フィルムに収めること。写真好きだったという泉さんの絵心を見込んだ報道班員が、アイモという小型の八ミリカメ

布留川泉さんが撮影した映像より。機体は九七艦攻

ラを渡し、撮影を頼んだのだという。

泉さんが撮影した映像は、一九四二年一月に国内で公開された「日本ニュース」によって多くの人が目にすることとなり、八〇年が経った今でも、真珠湾攻撃を語る際に必ずと言っていいほど使われている。朝の陽光を浴びながら進撃する攻撃隊。真珠湾上空にあがる黒煙。激しい対空砲火を想像させる、画面の振動。この映像があるおかげで僕たちは、遠い歴史の彼方に霞んでいってもおかしくない八〇年前のできごとを、辛うじて、思い浮かべることができる。

ミッドウェー海戦まで赤城に乗っていた泉さんは、多くの赤城搭乗員とともに「翔鶴」に再配属されたものの、ガダルカナルを巡る「第二次ソロモン海戦」「南太平洋海戦」が勃発する直前に内地の航空隊に教官として転属し、一九四三年七月、新たに作られた第七六一航空隊の飛行隊長に任命された。

そして、アメリカ軍の本格的な反攻が始まった後の一九四四年二月二三日、隊長機に乗り込んでマリアナ諸島のテニアン基地を飛び立ち、パラオ方面に敵機動部隊の攻撃に向かい未帰還となった。

「これが、布留川大尉が戦死した日の七六一空の映像です」と、戦史研究家の織田祐輔さんが教えてくれた映像がある。それは、日本軍機の猛攻を受けるアメリカ艦隊から撮影されたものだった。空母の間近まで肉薄しながらつぎつぎと火だるまになって撃墜される攻撃隊の、鬼気迫る姿が映し出されていた。

異文化へのまなざし

泉さんの甥である純さんと合流した後、連れられて、戦前から続くという小さな集落にたどりついた。ゆるやかに曲がりくねった細い道の両側に背の高い生け垣が続き、いかにも農家といった構えの家が並んでいる。そのなかに、布留川家はあった。

この日純さんは、近所に住む泉さんの妹にも声をかけてくれていた。泉さんより一三歳年下の、よし江さん。泉さんの遺影を見せながら、八〇年前を懐かしむように語ってくれた。

【妹・よし江さん】

美男子でした。かっこよかったですよ。身内びいきじゃなく、ね、かっこいいでしょ。いい男でした。外見だけじゃなしに。

当時、この近所で兵学校に行く人なんていなかったんでね。初めてだったからみんな珍しがって。たまに帰ると、よくいろいろな人が集まってきてね。

よし江さんや純さんの話を聞きながら、居間のテーブルの上に山積みにされた泉さんの遺品をひとつひとつ見させてもらう。そこに残されていたのは、花や仏像や風景が優しいタッチで描かれた大判のスケッチブックや、海外のパンフレットを几帳面に綴じた何冊ものスクラップなど、これまで多くの隊員の家庭で目にした遺品とは、少し毛色の違うものだった。

泉さんの遺影

【甥・純さん】

泉さんは、本当は海軍の兵学校ではなくて、大学の文学部とか師範学校に進んで先生とかになりたかったそうです。優秀な方だったみたいでね。でもうちは農家で現金収入がないでしょ。本当に貧しかったみたいなんです。下に弟や妹がたくさんいたものだから、それで軍人になる道を選んだと聞いています。

泉さんは、真珠湾攻撃の二七年前、一九一四年六月一七日に布留川家の長男として生まれた。地元の尋常小学校を卒業して通い始めた旧制成東《なるとう》中学校は、自宅から一五キロほど離れており、三食分の弁当を持って毎朝五時に家を出発し夜遅くに帰るという生活を、黙々と続けたという。そして一九三二年四月、六三期生として広島県江田島にある海軍兵学校に入校した。一七歳だった。

兵学校を卒業したのは、日中戦争が始まる前年の一九三六年三月。この頃の兵学校生徒たちは、卒業すると練習艦隊に乗りこんで数ヵ月に及ぶ遠洋航海に出かけるのが恒例で、泉さんが残したスクラップブックもこの時作られたものだった。

最初に訪れたのは、朝鮮半島だった。仁川に上陸し、陸路で京城まで旅している。この朝鮮の滞在だけで、かなりの頁が割かれている。地図や絵葉書、見学に訪れた場所のパン

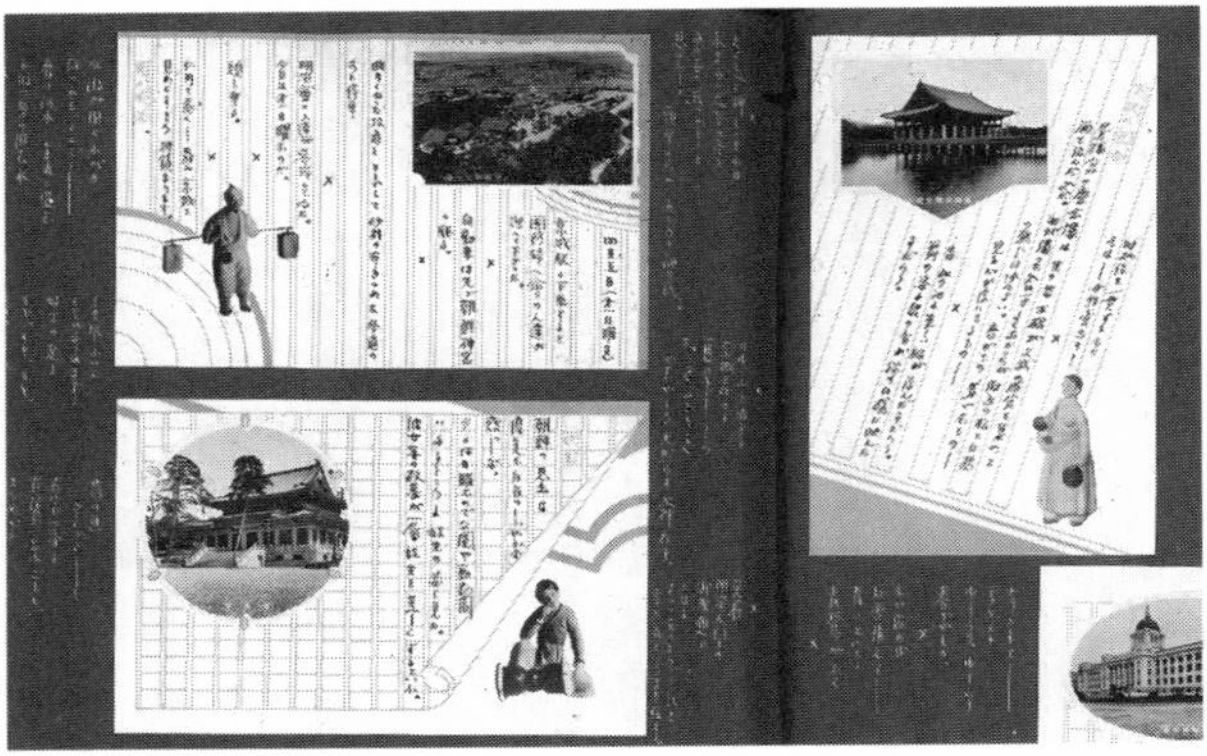

泉さんのスクラップブック

フレットに始まり、朝鮮で売られていた煙草の空き箱、「和信」というデパートで買い物をした時の買上票やシールまで、泉さんの興味は尽きない。

なかでも最も関心を示しているのが、朝鮮の習俗だった。朝鮮各地の名所の写真が入った便箋を買い求め、細かい文字でメモを書いて貼りつけ、無味乾燥になりがちなスクラップブックを色鮮やかな旅行記に仕上げている。

「朝鮮の女は頭に物を載せて歩く事が巧だ。小さい子供まで一寸風呂敷包など頭にのっけてゆくのは可愛らしいものである」「朝鮮の女は目が綺麗、歯が白い。歌麿《うたまろ》の頃に見る様な美しさだ」「水は綺麗ではない。が落着いてゐる。こればかりではない。朝鮮の総ては落着きがある。殊に建物によく表れてゐると思ふ」。

その目線は、決して朝鮮の人を見下すようなものではなく、違う文化に根ざす人たちを敬意に満ちたまなざしで、まっすぐに見つめている。

六三期生たちの旅は、大連、旅順、上海と続いた後、最後はアメリカ西岸のシアトルにまで及び、スケッチブックはますます味わいに満ちたものになっていくのだが、そこには、極貧のなかにいた数年前の自分には想像もつかなかったようなこの大旅行に感謝し、自分が目にすることの何ひとつとして無駄にはしまいという、好奇心旺盛で研究熱心な泉さんの内面が映し出されているように感じた。

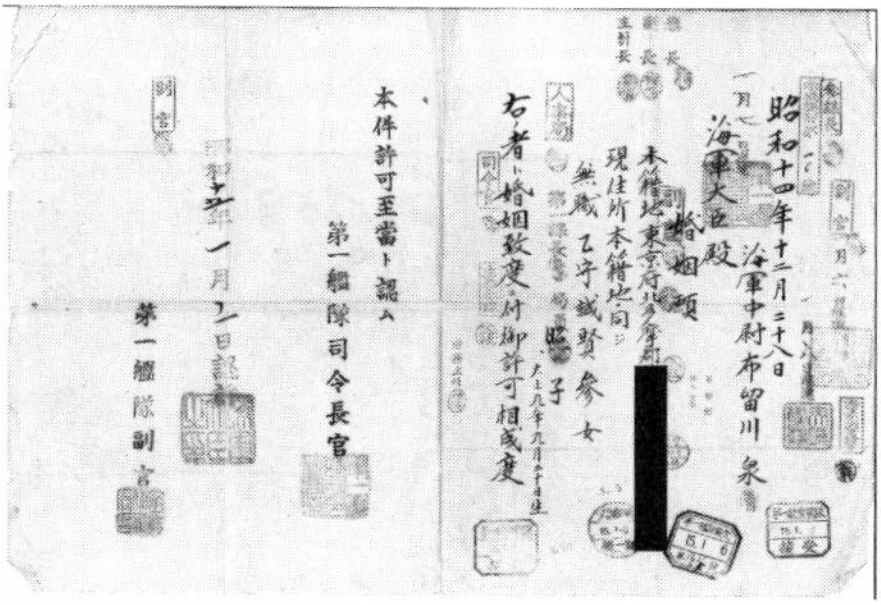
昭和十四年十二月二十八日　海軍中尉布留川泉
海軍大臣殿
婚姻願
本籍地東京府北多摩郡[redacted]
現住所本籍地同ジ
無職乙守誠賢参女
照子
右者ト婚姻致度ニ付御許可相成度
本件許可至當ト認ム
第一艦隊司令長官
昭和十五年一月二日認
第一艦隊副官

泉さんと照子さんの「婚姻願」

海軍士官の結婚相手

そんな泉さんの遺品のなかに、色とりどりの印鑑が押された一枚の和紙があった。「婚姻願」。泉さんは、太平洋戦争が始まる前に結婚していたのだという。この婚姻願は、結婚するにあたり海軍に提出し受理されたものだった。相手は乙守誠賢《おともりせいけん》という男性の三女、照《てる》子《こ》さん。届出日は、兵学校卒業から三年が経った後の、一九三九年一二月二八日となっている。

遠洋航海から帰国したのち飛行学生に選ばれた泉さんは、茨城県の霞ヶ浦航空隊で偵察員になるための訓練を行った後、中国戦線に派遣され、最前線で爆撃任務についていた。空母「赤城」に配属となったのが、一九三九年一一月一日。後方に配置換えになるのを待ちかねたように出された婚姻願には、赤城の艦長、副長、主計長に始まり、人事局の課長、各部署の参謀、副官、そして赤城の所属する第一艦隊の司令長官に至るまで、二〇を超える印が押されている。当時の海軍士官の結婚というものが、いかに手間のかかる一大行事だったかということがよくわかる。

結婚相手である乙守照子さんとは、兵学校時代から泉さんに目をかけていた岩崎眞澄《いわさきますみ》という教官が照子さんの姉と結婚していた縁で知り合ったという。防衛研究所にある兵学校の教官名簿を見ると、岩崎眞澄という人は、文官教授、つまり兵学校の生徒たちに一般教養を教える教授だったようだ。

あのような魅力的なスクラップブックを残し、文官教授にも目をかけられる泉さんが心ひかれた照子さんとは、どのような女性だったのか。「人柄の良い、明るい人でしたよ」という言葉とともに、よし江さんと純さんはいろいろと教えてくれた。

泉さんより六歳年下だった照子さんは、当時日本の一部だった台湾で女学校の副校長を務めていた母とともに、現地で少女時代を過ごしていた。そして女学校を卒業したのち、東京の小金井に引き上げて東京女子大学に入学し、在学中に泉さんと結婚した。

布留川の家には、結婚直前、泉さんが母のミヤさんに宛てた手紙が残されていた。どうやらミヤさんは、泉さんの結婚相手として、九十九里に住む遠縁の女性を考えていたようだ。よし江さんによれば、気立てのよい娘だったらしい。

照子さん

泉さんはそれに従えない不孝を詫びながら、「文化的な生活様式に馴れきった自分の倦《う》まない伴侶として今度は幸運中の幸運」「頼りない物足らない人間でも困るし、家へ帰って話相手にならぬ程思想程度の低い人間でもたえられません」と率直な思いを記している。

照子さんの写真が、アルバムに

一枚だけ残されていた。写真好きだった泉さんが撮ったと思われる照子さんのプライベートショット。掃除中だったのか、ほうきを手にした照子さんが、縁側に座り、勝ち気そうでありながらどこか心を許したような表情でカメラを見つめているのが印象的だ。二〇歳そこそこ、六歳年下でありながら泉さんの話相手にもなるし、「思想程度の低い人間」とも思われない芯の強さがある女性だったのかもしれない。そんなことを考えさせてくれる写真だった。

母と娘

布留川家のアルバムを眺めているうちに、気になる写真があった。「ひろ子」と書かれた赤ちゃんの写真。「これはどなたですか?」と尋ねたところ、泉さんと照子さんとの間に生まれた子だという。そして、そのことを教えてくれる時の遠慮がちな声色は、背後にある複雑な事情を物語っていた。

【よし江さん】

滉子って言うのですが、滉子が赤ちゃんの頃私が面倒を見て。だから私が母親みたいな感じになっちゃってね。照子さんもいなくなってしまったので。

私の母が滉子のことをすごく心配していて。親なし子になっちゃったっていうのでね。すごい心配していたんです。気にしていて。大丈夫だよっていうことで私が。もうみんなでね、助け合いながらやってきました。

泉さんの死後、照子さんは滉子さんを布留川の家に残し、女医になる勉強をするために家を出たのだという。そして戦後、進駐してきたアメリカ軍人と再婚し、その軍人とは離婚したものの単身アメリカに渡り、再再婚して家庭を築き、アメリカで生涯を終えたそうだ。

八〇年前にこのような烈しい人生を歩んだ女性がいたことに、大きな衝撃を受けた。照子さんをそこまでに駆り立てたものとは何だったのか。そして、あとに残された滉子さんは、どのような思いだったのか。滉子さんへの取材は、新型コロナウイルスの蔓延もあり番組には間に合わなかったが、放送から二週間が過ぎた二〇二一年一二月二四日、横浜市保土ヶ谷に暮らす滉子さんを訪ねることができた。

娘のまり子さんに迎えられて二階にあがると、大きな窓に囲まれた見晴らしの良いリビングで、滉子さんが待っていた。挨拶も早々に、本題に入る。滉子さんは照子さんのことをよく調べ、微に入り細をうがちよく知っていた。そこには、母のことを理解しようと努めてきた歳月の重み、そのなかで葛藤しつづけた滉子さんの思いが、詰まっていた。

水平爆撃の名手が子どもに願ったこと

泉さんが戦死する九ヵ月ほど前の一九四三年五月八日に生まれた滉子さんは、物心ついた時には、布留川家ではなく、照子さんの実家である乙守家の疎開先・仙台で暮らしていた。泉さんが戦死した直後は布留川の家に引き取られていたものの、泉さんの父は息子の死に激しく落胆した末に脳溢血で亡くなり、泉さんの弟・義一さんは陸軍に徴兵され、女学校に通うよし江さんも勤労動員で家に帰れなくなり、母のミヤさんだけでは面倒が見きれなくなったのだという。

そんなさなかの一九四六年一〇月、ミヤさんの元に、嫁の照子さんから再婚を願い出る一通の手紙が届く。その相手が、つい二年半前、泉さんの命を奪った敵国アメリカの軍人だったことが、ミヤさんの怒りに火をつけた。ミヤさんは照子さんに絶縁を言い渡し、泉さんとの仲を取りもった姉夫婦からも照子さんは縁を切られることになった。

なぜそこまでして照子さんは、我が道を突き進んだのか。そこには、戦死する前、内地で一緒に暮らしていた時に泉さんと交わした約束があったのだと、滉子さんは教えてくれた。

ある日、家で子守をしていた泉さんは、「ギイ、滉子を風呂に入れよう」と、訪ねてきた弟の義一さんとたらいに湯を張り、風呂に入れ、ミルクを飲ませたりした。出かけていた照子さんが帰宅した時には、疲れきって寝ていたという。その日の夜、泉さんは珍しくご飯に手をつけなかった。そして照子さんに、こう言ったのだという。

「上空から爆弾を落とすと、地上で人がやられるのが見える。流れた血の色まで見える。自分は人殺しをしてしまったけれど、滉子には人の命を助ける道に、医者の道に進ませて欲しい」

じつは泉さんは、海軍航空隊のなかでも指折りの水平爆撃の名手として知られており、高度三〇〇〇メートルから、地上に置かれた一〇メートル四方の鋼鉄の板に八〇〇キロ爆弾を命中させたという逸話を残している。実力は、あの金井昇さんに負けず劣らずだったようで、真珠湾攻撃の直前、六隻の空母の嚮導機を集めた最後の訓練が終わった日、金井さんは日記に、「苦楽喜憂を共にした布留川、三上大尉（※三上良孝・加賀）、以下皆憂国の志士ばかりにして、思うところは大同小異、話すところは尽くるところなし」（一九四一年一〇月三〇日）「指導官橋口少佐（※橋口喬・加賀）、布留川大尉より各々別れの挨拶があったが、今迄に布留川大尉の今日の訓示程ひしひしと身に応えた事は未だ無い。そうだ、吾々は本当に身血《ママ》を注いで訓練して来たおかげで水平爆撃を今日あらしめた」（一〇月三一日）と、一目置く記述を残している。

残された妻たちの生活再建

泉さんはいつから、照子さんに語ったような思いを抱いていたのだろう。中国戦線からなのか、太平洋戦争が始まった後なのか、あるいは、負け戦が重なり、爆撃される側の気持ちがわかるようになってからなのか。いずれにせよこの言葉が、泉さんの死後、照子さんの激情を燃え上がらせた。「なぜ自分でなく、ひろちゃんなのよ」と、やきもちを焼いたのだ。そして、娘を布留川の家に預け、医者の道をめざしはじめたただ、これを照子さんの身勝手と受け取るのは、気の毒だ。泉さんが戦死した時、照子さんは二四歳だった。今の価値観なら、まだまだ人生はこれからという年齢である。どう育つかわからない赤ん坊に夫の夢を託す前に、まずは自分が挑戦してもいいじゃないと考えたのかもしれない。照子さんという女性は、型にはまらない、自由な精神の持ち主だったのだろう。

しかもその頃、照子さんの思いを後押しする制度も始まっていた。戦況が悪化した一九四四年、戦死者数が止めどなく増えはじめ、従来からある「保護賜金」や「扶助料」以外の遺族援助の方法を模索していた政府は、残された妻たちの生活再建にも乗り出していた。そしてその一環として、全国の医学部に夫を亡くした妻たちの特別採用枠を設けるよう、通達を出したのである。

一九四五年一月に行われた入学試験を経て、四月に帝国女子医専（現在の東邦大学医学部）に入学を果たした女性の手記には、「こんなに大勢の受験生では、いくら戦争未亡人は別枠とはいえ、果たして入学させていただけるかどうかと試験前から不安が募ってまいりました」（石田文枝『知らず知らずに九十五歳』）とあるように、同じような志を抱く女性も少なくなかったようだ。

照子さんは、教育者でもあった母玉緒さんの知人・吉岡弥生が創設した東京女子医大に入学を果たし、医者となるための一歩を踏み出した。

嬉しさと辛さと

だが、海軍士官の妻から学生に逆戻りし、一から医学の勉強を始めるというのは、並大抵の努力ではない。そして追い打ちをかける敗戦。医師になるという目標を追い求めはじめた照子さんにとって、その夢をかなえるためなら、アメリカ軍人と結婚することなどわけなかったのだろう。

滉子さんによれば、最初の結婚の相手はＧＨＱに勤める陸軍大佐だった。その羽振りの良さもさることながら、泉さんを慕っていた照子さんにとって、敗戦で自信をなくし打ちひしがれた日本の男たちは物足りなく映ったのかもしれない。

滉子さんが、乙守家の疎開先である仙台から九十九里の布留川家に再度戻ってきたのは、まさにそんな頃だった。やはり滉子さんのことを気にかけていたのだろう、二度と布留川家の敷居をまたぐなと、ミヤさんに言われていた照子さんだが、何食わぬ顔で会いに来ていたという。そして、「日本人の月給位の値段」という人形を買ってくれたり、時には東京に連れ出して、ラインダンスやタップダンスを見たり、白雪姫やシンデレラなどディズニーの映画を観せてくれた。

「こんな生活させてくれる日本人なんて他にいないんだからね、と罪滅ぼしのように言っていました」と思い返す滉子さんは、母に会える嬉しさの一方で、その母が訪ねて来ることで辛い思いも味わっていた。当時、九十九里の海岸は米軍の演習場になっていて、国道を鈴なりに移動して来る米軍のトラックや戦車とともに、商売としてその兵士たちの相手をする女性たちも大勢やってきた。口さがない集落の人たちは、照子さんもそれと同じだ、と後ろ指を指したのだという。泉の母・ミヤは「布留川の家は、やましいことは何ひとつしていないのに、照子のせいで……」と口惜しがっていたという。

そんな時、滉子さんの心の支えになったのが、泉さんの妹・よし江さんだった。貧しいなか、端切れで服をたくさん作ってくれ、手作りの人形も持たせてくれた。滉子さんは、母のくれた人形と並んでそれが大のお気に入りで、いつもおんぶしていたという。いつしか「よし江は、えらい子だ」という評判がたち、嫁に欲しいという話がひっきりなしに寄せられるようになる。

そのなかに、あの乙守家もあった。「照子の弟の嫁にぜひ欲しい」というのだ。泉の母・ミヤさんは大反対したそうだが、滉子さんを育てていくためには布留川と乙守の両家がつながっていることが大事と考えたよし江さんが「行かせて欲しい」と言い出し、最後はミヤさんもその熱意に折れた。

この話を滉子さんから聞いた時、僕は、布留川の家で乙守よし江さんから聞いた言葉を思い出していた。恨み言など一切語らず、ただ、残された滉子さんを皆で育てたということだけを教えてくれたよし江さんが、問わず語りにこう漏らしていた。

【よし江さん】

兄の泉が行ったおかげで、この家は普通に生活できるようになったんです。私たちにも教育をしてやりたいってお金を入れてくれたので、私も女学校に行かせてもらったし、だから本当に兄のおかげなんですよね。その頃は、本当に貧乏な時代でしたから。今みたいな生活とは違うので。

結局やっぱり何だかんだ戦争のためで、みんなの生活が狂っちゃって。滉子もおばあの所に連れていかれたり、またこっちへ来たり、またあっちへ行ったり、ずいぶん苦労をしていると思いますよ、子どもながらに……。

乙守の家に嫁に出る日、「おれもよっちゃんと一緒に行く」と泣いて聞かない滉子さんを、よし江さんは「ひろちゃん、これあげるからお利口にしていてね」と口紅を渡してなだめたという。

このよし江さんの決断は、結果的にはその後の滉子さんを救うことになった。しばらく九十九里で暮らしていた滉子さんは、中学二年の時に先生との行き違いがきっかけで、登校拒否になる。そこで乙守家が、再度滉子さんを引き取ることになり、その後高校、大学に通わせてもらい、やがて結婚しふたりの子どもに恵まれることになった。

渡米していた母との再会

一方、日本で医学部を卒業した照子さんは、その後、GHQの大佐とは離婚したものの、医師免許を手に新天地をアメリカに求める決意を固める。そして一九五四年六月、まだ九十九里で暮らしていた小学五年の滉子さんに別れを告げに来たのち、旅立っていった。照子さんが去っていったのは、おそらく夕方だったのだろう、刈り取られた後の麦畑が一面金色に輝いていたことが、滉子さんの記憶にはいいようのない淋しさとともに刻まれている。

その三七年後、一九九一年、滉子さんは渡米し母に会う。アメリカのアトランタで日本語を教える仕事についていた娘のまり子さんを訪ねた時のことだった。母が住んでいるというバージニア州の住所を訪ねてみると、母は郊外の小さな一軒家に独りで暮らしていた。長い間、滉子さんは、自分を置いて新たな人生に乗り出していった照子さんを「なぜ捨てたのか」と恨むことばかりだったという。だがみずからも母となり、「一番苦労したのは母なのかもしれない」と思えるまでになっていた。そしてこの時、照子さんの戦後の人生に大きな影響を与えた泉さんの言葉や、その後の照子さんの人生について、詳しく教えてもらうことになる。

渡米した照子さんは、どういうつてをたどったのか、アイオワ州、サウスダコタ州と転々としながら神経科医と精神科医の資格を取り、バージニア州、ミズーリ州の病院を経て、メリーランド州の病院で三人目の夫に出会った。その時すでに四〇歳、当時としては晩婚と言って良い。ショーンとミドリというふたりの子どもに恵まれたが、のちに離婚している。やがて結婚した四人目の夫とも長続きせず、滉子さんが訪ねた時七〇歳を迎えていた照子さんは、週に一度教会に行き、恵まれない人のために寄付をするのを、唯一の楽しみとしていた。

照子さんがアメリカに渡った当初、まだ日本人に対する風当たりは強く、「アメリカ人を殺した日本人が、なぜ医師をやっているんだ」と面と向かって言われることもあったという。当初は、再婚した家族にすら、最初の夫のことも日本にいる娘のことも語っていなかったそうだ。その照子さんが、想像を絶する逆風のなか、戦うように半世紀近く生き抜いてこられたのは、やはり泉さんの存在があったからなのだろうか。

「泉さんのような人が、きっとどこかにいるのではないかと思っていたけれど、世界中どこを探してもいなかったわ」と語った照子さんが、滞在中、ある歌をしきりに口ずさんでいることに滉子さんは気づいた。照子さんがまだ日本にいた頃、週末などたまに母の家で過ごす時にも聞いたという記憶がよみがえってくる。

「何の歌なの？」と尋ねた滉子さんは、それが、『蝶々夫人』というオペラの「ある晴れた日に」という歌であることを知る。

明治時代の長崎を舞台に、没落藩士の令嬢とアメリカ海軍士官との悲劇の恋愛を描いたそのオペラの終盤、姿を消したきり戻ってこない海軍士官を待つ蝶々夫人が、いつか夫は帰って来るというはかない願いとともに歌う一節だった。

照子さんは、滉子さんと再会した日からさらに一五年間を生き、二〇〇六年一一月、アメリカで生涯を閉じた。亡くなった後、滉子さんらのもとに、「乙守家の墓に入れて欲しい」と、照子さんの遺骨が送られてきたという。最後まで自分の意志に正直に生きた、八六年の人生だった。

穏やかで優しい父

大切な人を亡くした家族がその後を生きていく糧のひとつが、故人との思い出だとするならば、それを残してもらえた家族は、幸せだったのかもしれない。

後に残された三人の子どもに、死してなお力を与えつづけた搭乗員がいる。住友清真《すみともせいま》さん。北海道のじゃがいも農家の六男に生まれ、身を立てるために海軍を志願した住友さんは、飛龍の水平爆撃隊の操縦員として真珠湾攻撃に参加した際には、すでに海軍歴八年のベテランだった。「清真さんの飛行機に乗りたい」という希望者が多く出るほど、操縦技術に秀でた人だったという。

住友清真さんと妻冨士子さん

その後、ミッドウェー海戦の前に空母を降り、長らく練習航空隊の教官を務めていたため海軍の官舎で家族と長く暮らすことができた清真さんは、最前線に立たされることが多かった真珠湾攻撃隊員のなかでは恵まれていたと言って良い。

だが戦争終盤の一九四五年三月二七日、基地のある大分飛行場がアメリカ軍機の空襲を受けた際、自分の飛行機を上空に避難させようとしたのか自転車で飛行場を斜めに突っ切っていったところ、敵の戦闘機に銃撃され、命を落とした。海軍少尉だった。

その時住友さんには、妻、七歳の長女、二歳の長男（二〇一八年他界）、そして間もなく生まれてくる次女がいた。長女の博子《ひろこ》さん、次女の智子《さとこ》さん、長男佳一《よしかず》さんの娘・奈緒子《なおこ》さんが語る父、祖父の物語は、穏やかで優しかったという清真さんの人柄があふれてくるものだった。

【長女・博子さん】

私ら父親はね、ものすごく自慢やったんよ。運動神経抜群で賢かったって母が言うでしょ。母は惚れた目か知らんけど褒めまくるからね。私ら大きくなる頃にはね、せめてお父さんの十分の一ぐらいにならないかんって思いましたもんね。

母はもう父親のことを決して悪く言わないですからね。何もかも上手で立派な人です。易者に見てもらったらね、この人はもうどこまでも出世するいい人ですって言ってもらったってね、みんなに吹聴してましたわ。母にかかったら神様みたいですね。私も大好きでしたけどね。

【次女・智子さん】

優しかったんやろ？　絶対自分の部下にも手を出すことはなかったたって。

【博子さん】

自分は兵隊上がりで、上官に暴力を振るわれて。だから自分は絶対に手をあげないって言ってたみたいやな。怒られたと言えば、一度弟と喧嘩している時にね。「博子」って言われただけですわ。「はーい」って言ってやめて、終わりです。

やっぱり戦に行っているからね、争いごとはもう結構という感じでした。母親には私ものすごく怒られましたけど。父親には怒られた覚えがないですわ。

三人のなかで唯一、父親の直接の記憶がある博子さんを中心に、八〇年の時が心の傷を癒やしたためか、にぎやかなインタビューが続いていく。

三人にかかれば、清真さんが夢枕に立ったという心霊現象も、どこか温かなものとなる。それは終戦からしばらく経った頃のことだった。海軍の官舎を出された妻の冨士子《ふじこ》さんは、幼子三人を抱えて清真さんの故郷である北海道石狩地方の生振《おやふる》村に帰った。しばらく本家の離れに間借りした後、冨士子さんは近くで裁縫を教える仕事を見つけ、新たな官舎に腰を落ち着けた。その直後のこと。

【長女・博子さん】

夢に見たんです。大きなトラックに乗っててね。そしていっぱい乗っているんですよ、そのトラックに。亡くなった方でしょうね、全部。で父が降りてきて、「しっかり生きるんやで」って言っててね、「お母さんやおばあちゃんの言うことを聞いてね」って。

【次女・智子さん】

それで博子姉さんが、「お父さんどこ行くの」って聞いたら「遠くに行くんや」って言ったらしいです。で言い終わったらトラックに乗ってワーッと行ってしまって。

【博子さん】

その時にびっくりしたのがね、私がその夢を見てね、目をすっと覚ましたら、二歳になる弟が起き上がって、そこに座っているんですわ。それで、「お父さんが今そこにおった」って言いましたわ。私が父親の夢を見た時に。

【智子さん】

同時に見てるのよな。兄はね、お父さんのこと「トト」って言っていたらしいんです。祖母が言うには、「トトがいてる」って指さしたって。それで祖母はそっちの方を向いて、一生懸命手を合わせて拝んだそうですわ。

【博子さん】

やっぱり、心を残して逝きはったんやと思いますわ。まだ小さい子どもを残してね。でもね、何で来てくれたかってていったら、我々が住んでいるところが官舎だったやろ、教員のね、ちゃんとした家に入ったのよ。そこだったら現れてくれたの。その前に本家の納屋みたいなところに住んでいる時は来なかったよ。やっぱりね。死んだ者でも申し訳なくて出てこれなかったんでしょう……。

私はそういう心霊とかは信じない。ただ、父親が出てきたから信じているだけ。その場面だけ信じてるの。その時だけは父親が来ていたんやろうなって信じているわけ。

戦後、残された三人の子どもたちを勇気づけたのは、清真さんが、生前から彼らのことをなにより気にかけていたという事実だった。長女の博子さんは、戦争が激しくなり、食べ物がどんどん不足していくなか、自分の食卓にしばしば新鮮な魚が一匹並んでいたことが強く記憶に残っている。「やっぱり海軍はものがあったんやなあ」と長らく考えていたそうだが、後に、清真さんが休みのたびにわざわざ海まで釣りに行っていたと祖母に教えられ、父の思いの深さを知ることになる。

「三人ともアメリカに留学させる」

その清真さんが何より心を砕いていたのは、子どもたちの教育だった。それは、自身が操練出のために、いくら腕が良くても進級というかたちで報われなかったことや、階級を笠に着た理不尽を海軍で多く経験していたこととも関係があるかもしれない。また少年時代、勉強したかったにもかかわらず、「灯油がもったいない」と親の理解を得られなかった悔しさや、そこで勉強を諦めてしまった後悔もあったのかもしれない。

忙しい軍務の合間を縫って、博子さんにこまめに課題を出して添削したりしていたそうだが、その胸にはさらなる大望を秘めていた。


【長女・博子さん】

戦争している最中なのにね、同居していた祖母、父から見たら義理の母にね「この子が賢かったら、必ずアメリカに留学さす」って言っていたみたいです。それで祖母がびっくりしてね。「こんな戦時中に何を言ってる。敵国にね、そんなやるなんて馬鹿なことを言うんじゃない」、ってだいぶ言ったみたいですよ。

【長男の娘・奈緒子さん】

三人ともって言ってたらしいですよ。三人ともアメリカに留学させるって。

【次女・智子さん】

なんでやろうね、っていう感じやけどね。

【博子さん】

ほんま、敵国ですからね。私のおばあちゃんがね。何を言うてるんや、あんた、って。

【奈緒子さん】

まあでもおばあちゃんの感覚が普通って言うかね。多分自然な感覚よね、きっと。

——清真さんはどういう気持ちでそう言ったと思いますか？

【博子さん】

やっぱり世界に羽ばたく人間になりなさいということだったと思います。世界は広いのやって。我々は知らないからね。狭い視野やから、日本の教育がね、広い世界を見なきゃいけないって私なんかも言われました。

アメリカがどれだけ強いか知っていますでしょ。かなう相手ではないと言っていたって母が言うてましたわ。物量の違いがまざまざとわかったんでしょうね。だから博子が賢かったら留学させるって。賢くなかったんで、良かったですわ。

【奈緒子さん】

祖父も、もっと勉強をしたかったんだと思います。で、自分の夢を子どもに託すじゃないですけど、祖父自身が広い世界を見たかったのかもしれないですね。それを子どもに託そうと思って。

清真さんには、北海道石狩で過ごした少年時代、師範学校に進学して学校の先生になるという夢があったという。その時、清真さんの前には、貧しさ、無理解、さまざまな障壁が立ちはだかった。

それに匹敵する逆境のなか、子どもたちは力強く未来を切り拓いていた。それぞれに奨学金を得て高校まで卒業。そして博子さんは、父の夢をかなえるかのように短大を卒業して教職を取得し、学校の先生としての職責を全うした。住友家が戦後を生き抜いていった原動力の幾分かは、家族の幸せを願う父の思いにあったのだろう。僕は三人のにぎやかな話を聞きながら、そんなことを考えていた。

新婚の頃の河原真治さん・美代子さん夫妻

消息を絶った夫

太平洋の各地に散っていった、七〇〇人近くの真珠湾攻撃隊員たち。帰りを待つ家族のなかには、その死を受け入れるのに、長い戦後を費やした人もいた。

赤城の水平爆撃隊の一員で、布留川泉さんの乗る九七艦攻のすぐ後ろの席で電信員を務めていた河原真治《かわはらしんじ》さんには、美代子《みよこ》さんという妻がいた。美代子さんと、布留川泉さんの妻・照子さんとの間には、共通点が多い。ふたりはともに、内地に比べ開放的な台湾の風土で育ち、現地の女学校を卒業し、二〇歳そこそこで海軍の搭乗員と結婚した。

真珠湾から帰還した直後、真治さんが大分県の宇佐航空隊の教員に任命されたのを機に、美代子さんは台湾から宇佐に移り新婚生活を始めた。一九四三年一月三日には長女の聿令《のりよ》さんが生まれている。だがその四ヵ月後、真治さんは新設の第二〇二航空隊に転属となり、セレベス島（現インドネシアのスラウェシ島）にある基地へと進出していった。

聿令さんを連れ台南に里帰りしていた美代子さんは、ある日、デング熱に罹りもうろうとする意識のなか、真治さんの夢をみる。大きな籠に南方の果実をいっぱい入れて持ってきてくれたのだという。同じころ美代子さんの母も、蚊帳の外に飛行服を着た真治さんが立っているのを見ている。そして間もなく、真治さんが南方で消息を絶ったという知らせが届けられた。

母としての覚悟

娘の聿令さんのもとには、その知らせが届く前後に撮影された二枚の写真が残されている。一枚は、聿令さんが生まれた直後の写真。背後には立派な雛飾りが見え、美代子さんも母となった喜びに満ちている。そしてもう一枚は、愛知県桜井村（現安城市桜井町）にある真治さんのふるさとで催された葬式の写真。美代子さんに抱かれている幼子は、一九四四年一月に生まれた弟正憲さんだ。

背後の祭壇の中央には真治さんの遺影があり、その奥には、遺骨のない骨壺を納めた箱が置かれていた。「軍神の妻」として強いられた美代子さんの作り笑いが、痛々しい。

（上）聿令さん初めての雛祭り（1943年3月）
（下）真治さんの葬式にて。右が聿令さん

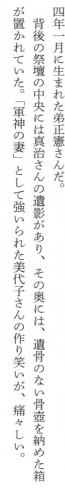

【聿令さん】

この一枚目が一番幸せな時。台湾からおひなさんも送ってきてくれて、本当に一番幸せ。二枚目は一番不幸な時の顔。私はそう思います。これからの苦労の始まりの時、不幸のどん底に落ちたところですよね。

覚悟は決めているはずですよね。この二人の子を育てようと。この顔を見ていたら、悩みは大きかったんやなというのがわかります。そのなかでの覚悟、やないかと思います。

美代子さんの、母としての〝覚悟〟を示す逸話が残っている。真治さんが戦死したらしいと聞いた美代子さんは、一九四三年一〇月、身重の体で聿令さんを連れ、台湾の基隆《キールン》から神戸に向かう定期航路便に乗り、愛知県にある真治さんの故郷をめざす。だが基隆を出発して二日後、鹿児島県大隅半島の沖合にさしかかっていた貨客船「富士丸」は、アメリカ軍潜水艦の雷撃を受け、沈没する。

船はあっという間に沈没したが、美代子さんは偶然居合わせた学生から譲り受けたフカよけの長いひもで聿令さんを体に縛りつけて海に飛び込み、八時間海に浸かりながら救助を待ち、真治さんの生きた証である小さな命を救った。

美代子さんは当時二三歳。冷たい秋の海で、ともすると目をつぶろうとする聿令さんの頬を何度もひっぱたきながら、立ち泳ぎを続けたのだという。

救助にやってきた船になんとか助け上げられ、神戸に上陸し、桜井村の夫の実家にたどりついた美代子さんだが、葬儀を終えても夫が死んだという実感がどうしても持てなかったようだ。知らせとして届いていたのは、一九四三年八月一七日に、南方で消息を絶ったということだけ。美代子さんが生前に残した手記には、「祭壇にあるからっぽの骨箱を見るたび、主人は死んでいない、死んでいないと思うようになりました」とある。

新しい人生を歩む

だが世の中は、そんな彼女の気持ちに構うことなく、前に進んでいこうとする。そして戦争が終わり真治さんの実家で暮らしていた美代子さんに、ある日、決定的な出来事が起きる。出征していた真治さんの弟が無事に復員してきた後のこと、その弟と再婚してはどうかと義理の父と母から勧められたのである。

【聿令さん】
弟と「直れ」って言われたんですよ。五歳も年下の弟と。でも、父が戦死したことを母は信じられないでいた。骨もなければ、何もないから。生きていると思って。だからこそ、いろいろ大変な姑さんとでも一緒に生活してきたんです。でも「直れ」って言われた。で飛び出したんです、母は。

近隣の町の民家に空いている離れを見つけ、子どもと一緒に移り住んだ美代子さんは、終戦後台湾から引き上げてきた父、母、弟、妹も迎え入れ、新たな人生を歩んでいく。パーマ屋の見習いから身を立て、大阪の肥後橋、九条に相次いで美容室を開店していく。

そして真治さんの戦死から一〇年が経った一九五三年、守口市によい物件を見つけたことを契機に、酒場の女将となる。

チモール海での「再会」

それから月日は流れ、娘も息子も成人して家庭を持った後の一九九二年、真治さんの五十回忌を間近に控えていた美代子さんの元に、厚生省を通じて思いがけない知らせが届く。真治さんが戦死した時の詳細が判明したというのである。知らせを寄越したのは、オーストラリアの北西にある街・ダーウィンで、太平洋戦争中に行われた戦闘について調べている男性だった。

東京まで出向いた美代子さんと聿令さんは、真治さんが一九四三年八月一七日、基地のあった島を離陸し、オーストラリア軍の基地のあったダーウィンを上空から偵察した後、オーストラリア軍の戦闘機に撃墜されたという事実を知らされる。日豪双方の記録を突き合わせて、間違いないとのことだった。真治さんを撃墜したのは、クライブ・コールドウエル中佐というオーストラリアでは「撃墜王」として名の知れたパイロットだった。

一九四二年二月に日本軍機により初めて空襲を受けて以来、何度も攻撃にさらされ犠牲を出していたダーウィンでは、反日感情が根強く、調査がなかなか進まなかったのだという。だが、開戦五〇年を経て交流も進み、一九九二年の九月には、この地域で戦死した日本側搭乗員の法要を現地で執り行うことが決まったとのことだった。

この時美代子さんは七二歳。体調も思わしくなかったそうだが、母と娘はふたつ返事で参加を決め、一九九二年九月九日、他の参加者とともに成田を飛び立ち、ダーウィンへと向かった。

そして滞在三日目の九月一二日、二人を乗せたセスナ機は、ダーウィンの飛行場を飛び立った。真治さんが撃墜されたと記録に残る場所は、町の中心から西北西に一五〇キロ離れたチモール海の洋上。背後から忍び寄った敵の銃弾を何度も浴び、エンジンから炎を吐きながら墜落していったのだという。

上空に到達した美代子さんは、聿令さんから渡された花束を、小窓から外にかざした。瞬時に機外へと吸い出されたその花束は、真治さんが眠る海面へと、ゆっくりと落ちていった。美代子さんの手記に、その時の心情が記されている。

【手記より】

セスナ機から主人の戦死したチモールの碧い海に、花束やタバコ、お酒を投げました。機中、涙がとまらず心の中で「貴方が膝に抱いていたあの小さかった赤ん坊の娘も、もう五十歳になり、一緒にこの場所までやってきました」とつぶやき、短い時間でしたが、静かな海にお別れをしてダーウィンに戻りました。

ダーウィンでの三日間は、ただただ青い海、どこまでも広がる青い空の下で過ごし、まるで戦死した主人と二人でいるように思えました。五十年たった今、ようやく主人に再会でき、私と一緒に日本に帰るのだと心の中で何度も叫びました。そして、その海の土と貝と石とを、主人のごとくそうっと懐にしまいました。

翌日は、いよいよ帰国です。五十年間ずっと離ればなれになっていた主人と一緒に、息子や孫たちの待つ日本に帰るのです。五十回忌にあたり、主人が私に迎えに来てくれと、ここにいるよと言ったのだと思えてなりません。主人を迎えた青い海を見、そして主人の一部であるその浜の砂や石を持って日本に帰るのです。

　これでようやく、私の長かった戦争も終わりを告げたように思います。


【聿令さん】

「真ちゃん」って呼んでいたらしいんですが、本当に優しい人だったって。本当に自分を愛してくれてる感じがしたって言ってました。子どもも愛してくれて。だから母は、父と結婚したことを後悔はしていませんよ。

　いろいろな苦労を母はしてきました。これでもかいうくらい苦労してきました。だけど笑うてんねん。笑った方がええわって。それを可能にしたのは、やっぱり月日でしょ。月日だと思いますよ。

　でも、いつまでも若い父っていうのはやっぱり悲しいですよね。写真の父は若いですからね、年行きませんからね。どんなおじいちゃんになってたんやろとかね……。

　美代子さんは、二〇〇四年一〇月、八四年の生涯を閉じた。その遺骨は聿令さんら家族の手によって、真治さんの眠る、碧く澄みきったチモール海にまかれることとなる。

おわりに

非業の死者の記憶

もしかしたら僕たちは、日本という国の長い歴史のなかで最初で最後となる（あるいは最後とせねばならない）稀有な瞬間に立ち会っているのかもしれない。いま目の前で起きていることを、そんなふうに考えるようになった。

今からおよそ八〇年前、一九四五年に終わった戦争で命を落とした人びとの「記憶」についての話だ。三〇〇万人にものぼるといわれる死者は、幾千万の遺族を生み、親戚縁者や身の回りの人まで含めると、日本人のほぼすべてが身近な誰かを亡くし、彼らの記憶とともに残された。

かつてこの国に、いちどきにこれほど膨大な「非業の死者の記憶」が生まれたことはなかった。その記憶は、大きな深層底流となって、長く戦後の日本を動かしてきた。忘れたくても忘れられないその記憶が生み出す痛みは、永遠に続くかとも思われた。

そしてその記憶が、まさにいま、消えていこうとしている。その瞬間を、僕たちは目撃している。

僕が駆け出しのテレビディレクターだった二〇〇〇年代の初頭、その頃はまだ、戦争の時代を生き抜いた人びとも健在で、記憶も世にあふれていた。真珠湾攻撃に参加した隊員に初めてインタビューをしたのは二〇〇八年一二月のことだったが、その時期ですら、話を聞くことができる元攻撃隊員は、十指に余るほどはいた。

彼らひとりひとりが、歴史の概説書には決して表れてこない、だがまぎれもなく歴史の一部を形作っていた人びとであり、それぞれの人生をたどることでその時代を追体験できるような、深い記憶の世界が広がっていた。

正直に言うと、僕は最初から、「死者の記憶」といったことに興味を抱いていたわけではない。戦争体験者に話を聞きに行っていたのも、彼らがそこで何を目撃し、その時何を思っていたのかを聞き、映像に残したいからだった。

ところが、話を重ねていくなかで学ばせてもらったのは、彼らが「戦場の現実」を語る時と同じくらい、あるいはそれ以上の熱量で、斃《たお》れていった近しい人びとの記憶を語るということだった。そうして僕は、戦死者の遺族のもとを巡るようになっていった。記憶がすでに失われていることもあったが、写真や手紙などの思い出の品とともに記憶を語り継いできた家族にも多く出会えた。そうした話をうかがうと、あたかも、死者が生き生きと甦ってくるかのようだった。

そして、その生き証人たちがひとりまたひとりと死者の列に加わっていくなかで、それらの方々が胸に秘め、ともに生きてきた「死者の記憶」もまた失われていった。

生きる力

あの日、真珠湾の空を飛んだ隊員たちとともに生きた女性たちは、長く苛酷だった人生の終わりに、いったい何を思ったのだろうか。

爆弾を装着して体当たり攻撃に向かう最初の真珠湾攻撃隊員となった、原田嘉太男さんの妻達子さんは、子どももなく、わずか四ヵ月の結婚生活だったにもかかわらず、原田の家に残ろうとした。その後、実家の求めに応じて再婚したものの、すぐに離婚し、以来生涯独身を貫いた。そして姉の一家の暮らす大阪に出て、大手保険会社を定年まで勤め上げ、今から二〇年ほど前に亡くなった。

彼女の家の隣には、姉の一家が今も暮らしている。達子さんの姉の孫にあたる恵美《えみ》さんは、「おばちゃんかっこいいなと思いました。子どもながらに。パリッとスーツ着て。キャリアウーマンみたいな感じで、颯爽と行ってはったので」と、達子さんを回想する。

恵美さんの兄・美彦《よしひこ》さんが語る達子さんも「惨めに生きているんじゃなくて、丁寧に、一日一日着実に生きていかれたと思うんです。私たちのことも、よくかわいがってもらいました」と、戦争の影をまったく感じさせなかったという。

ふたりの話によれば、達子さんの家の仏間には、飛行服姿の嘉太男さんの写真が常に飾られていた。達子さんに生きる力を与えていたのは、結婚後、松山で四ヵ月一緒に暮らした時の、嘉太男さんとの記憶だったのではないか。そう思わせる、できごとがあった。


【恵美さん】

自宅で療養していたのですが、ちょっと入院した方がいいだろうということで、救急車で運ばれて、で、入院したんですけど。うわごとで意識ももうろうとしている時に、「嘉太男さん、助けて」って言っていたって母が言ってました。他の誰でもなく嘉太男さんだったみたいな……。

嘉太男さんがいらっしゃったからおばさん、ここまで生き抜かれはったのかもしれませんね。わずかだったけど、その何ヵ月間は幸せだったんだろうと思います。

【美彦さん】

そうですね。それは母から聞きましたね。わずか四ヵ月だったですけど、その間は本当に幸せやったと母には言っていたみたいですね。

懸命に生きていった人びとの強さ

同じく新婚の数ヵ月をともに暮らし、離れ離れとなった後に交わした心のこもった手紙を糧に戦後を生きた女性が、二〇一六年四月、九九歳でその生涯を閉じた。真珠湾に向かう第一次攻撃隊の文字通り一番先頭、指揮官機の操縦員を務めていた松﨑三男さんの妻・幸子さんだ。

三男さんの死後生まれた息子の洋祐さんは、死の前年、九八歳になった幸子さんが突然書き始めたという大切な日記を見せてくれた。

それは、戦後七〇年の節目となった二〇一五年八月のことだった。最初の頁は「如何なる星のもとに生まれようとも、人はその道で生きてゆくしかない。心して」という言葉とともに、始まっている。

【八月一日の日記より】

今日一日、一生懸命生きてゆくことを心がけよう。私は歩ける、生ある限り歩いていく。誰が何といおうとも、我が信じる道をゆく。

人生は冒険旅行だ。故に悔いなく生きる事。ふりむくな、ふりむくな。前には夢がある。人生のトラブルに遭遇した時はいかに前進するかにかかっている。

幸子さんの日記には、七〇年以上前の三男さんとの思い出が、思いつくままに記されている。「字が徐々に汚くなって口惜しい」と書いているように、日記は震えるような筆致で、幸子さんとしては不本意な部分もあったのかもしれない。それでも、書き残したいという気持ちが勝ったのだろう。「着ていた洋服までも覚えている」という記憶の鮮やかさが、胸を打つ。

この日記を読ませてもらいながら、僕は幸子さんが何のためにこれを書き残そうとしたのか、考えていた。文面からは、長く胸に秘めてきた三男さんとの思い出、そして長い戦後を生き抜いてきた末の思いを、せめて家族にだけは語り残したいという気持ちが、とても強く感じられたからだ。

【九月二七日の日記より】

あんたは気の毒な人生だったと思うよ、という人もいたけれど、私は松崎と結婚し、洋祐という良い息子に恵まれ、現在の何不自由のない生活に幸せこの上もないと考える時もある。欲をいえばいくらでも欲が出るのが人生。

幸子さんは亡くなる直前まで、穏やかに余生を送っていたという。亡くなる三週間ほど前、洋祐さんは、妻、ふたりの娘、その夫、そして三人の孫と一緒に幸子さんを連れ出し三重県の鳥羽まで一泊二日の旅に出た。幸子さんの白寿のお祝いをするためだった。

幸子さんは終始ご機嫌で、料理も完食し、家族ひとりひとりのメッセージが書かれた色紙をもらって満面の笑みだったという。

幸子さん白寿のお祝い（右端が洋祐さん）

その祝いの席で撮られた一枚の写真がある。楽しげな笑顔のひ孫たちが幸子さんを囲んでいる。そのひとりの手には、一九四三年五月、熱田神宮で結婚式を挙げた時の、緊張した面持ちの三男さんの写真が握られていた。

僕はこの写真を見た時、苛酷な戦争の時代を懸命に生きていったことの意味、その貴さを、改めて教えてもらった気がした。

これまでの取材を支えてくれた、全ての人への感謝を込めて。

二〇二二年九月七日

803		2	操	一飛曹	伊藤 純二郎	1944.10.12	台湾沖
804		3	操	三飛曹	黒木 実徳	1944.2.12	ラバウル
805		1	操	一飛曹	牧野 茂	1942.8.24	第二次ソロモン
806		2	操	二飛曹	中田 重信	1945.4.24	比島
807		3	操	一飛兵	前 七次郎	1944.2.11	ラバウル
808		1	操	一飛曹	加納 慧	1944.10.16	台湾沖
809		2	操	二飛曹	坂井田 五郎	1942.8.24	第二次ソロモン
810		3	操	一飛兵	松本 達	1942.4.9	セイロン
811		3	操	一飛兵	藤井 孝一	1944.4.27（殉職）	岩国
812		3	操	一飛兵	倉田信高	1945.4.6	沖縄
予備員							
【赤城】 艦戦							
813			操	二飛曹	川田 要三	1942.6.5	ミッドウェー
814			操	三飛曹	大原 廣司	1945.8.9	内地
815			操	一飛兵	石田 正志	1944.1.28	ラバウル
艦爆							
816			偵	二飛曹	青木 豊二郎	1942.8.24	第二次ソロモン
艦攻							
817			偵	二飛曹	大沼 茂治	1944.1.24（殉職）	内地
818			偵	二飛曹	池田 弘	1944.6.19	マリアナ沖
819			電	三飛曹	河野 良二	1944.5.2	リンガ泊地
820			操	三飛曹	水田 亀二	1944.2.18	内南洋
【加賀】 艦戦							
821			操	一飛曹	田中 行雄	1942.6.5	ミッドウェー
艦攻							
822			電	二飛曹	坂田 恵介	○	
823			偵	三飛曹	吉田 隆成		
824			偵	三飛曹	井藤 弥一	○	
825			電	三飛曹	島田 直	1942.6.5	ミッドウェー
826			電	三飛曹	平山 繁樹	1944.10.14	台湾沖
827			操	一飛兵	大迫 弘毅		
828			操	一飛兵	佐々木 亀蔵	1944.10.14	台湾沖
【飛龍】 艦戦							
829			操	二飛曹	一色 務	○	
艦爆							
830			操	三飛曹	曙 賢吾		
831			偵	一飛曹	内ノ村	1945.6.22	沖縄
832			偵	一飛兵	田中 國男	1942.6.5	ミッドウェー
艦攻							
833			操	大尉	菊地 六郎	1942.6.5	ミッドウェー
834			操	二飛曹	富田 文男	1944.11.27	比島
835			操	二飛曹	宮内 政治	1942.6.5	ミッドウェー
836			操	二飛曹	渡辺 恵	1944.10.12	台湾沖
837			操	二飛曹	渡部 重則	1942.4.9	セイロン
838			偵	二飛曹	斎藤 清西	1942.6.5	ミッドウェー
839			偵	二飛曹	後藤 時也	1942.4.9	セイロン
840			偵	二飛曹	佐小田 香	1944.1.25	東シナ海
841			電	二飛曹	鈴木 睦男	1942.6.5	ミッドウェー
842			電	二飛曹	二宮 一憲	1942.6.5	ミッドウェー
843			偵	三飛曹	持田 升雄	1944.2.18	トラック
844			電	三飛曹	清水 巧	1942.6.5	ミッドウェー
845			操	一飛兵	中尾 春木	1944.10.16	台湾沖
846			操	一飛兵	福田 幸男	1944.8.2	南洋群島
847			電	一飛兵	久原 滋	○	
【蒼龍】 艦戦							
848			操	一飛曹	杉山 武夫	○	
艦爆							
849			操	二飛曹	山中 正三	1942.10.26	南太平洋
850			偵	二飛曹	土屋 嘉彦	1942.10.26	南太平洋
851			偵	二飛曹	中竹 悟	1944.8.10	グアム
852			操	一飛兵	渡辺 敬		
艦攻							
853			操	二飛曹	鶴見 茂	1944.7.13	サイパン西方
854			操	二飛曹	二瓶 務	1945.4.16	本州南東沖
855			操	二飛曹	田辺 正直	1942.10.17	ガダルカナル
856			偵	二飛曹	田村 重年	○	
857			偵	二飛曹	紺野 喜悦	1942.10.17	ガダルカナル
858			偵	二飛曹	宗形 龍恵	1944.10.14	台湾沖
859			電	二飛曹	新井 嘉年男	1942.6.5	ミッドウェー
860			偵	三飛曹	佐々木 隆寿	1945.8.14	千葉沖
861			電	三飛曹	島田 清守	1942.3.15	小笠原沖
862			操	一飛兵	小松崎 照夫	○	
863			操	一飛兵	沼尻 三二	1944.6.20	マリアナ沖
864			電	一飛兵	浮ケ谷 弘	1942.10.17	ガダルカナル
865			電	一飛兵	小野 安衛	1943.7.22	ニューギニア
【翔鶴】 艦戦							
866			操	一飛曹	南 義美	1944.11.25（特攻）	比島
867			操	一飛兵	堀口 春次	1944.5.5（殉職）	サイパン
艦爆							
868			偵	二飛曹	九島 作治郎	1942.5.8	珊瑚海
艦攻							
869			電	二飛曹	岸田 清次郎	1942.5.8	珊瑚海
【瑞鶴】 艦戦							
870			操	一飛兵	山本 健一郎	1942.9.2	ガダルカナル
艦攻							
871			操	一飛曹	佐藤 份	1944.12.25	サイパン

721	3	3	偵	一飛兵	中田 勝蔵	1943.8.15	ソロモン
722		1	操	一飛曹	今宮 保	○	
723			偵	中尉	三浦 尚彦	1942.10.26	南太平洋
724		2	操	三飛曹	吉元 実秀	1944.10.14	台湾沖
725			偵	一飛兵	永嶺 雪雄	1942.11.11	ソロモン
726		3	操	一飛兵	山中 隆三	1943.4.11	ニューギニア
727			偵	一飛兵	伊藤 郷実	1944.10.12	台湾沖
728		1	操	一飛曹	高野 秀雄	1943.3.19	台湾北東沖
729			偵	飛曹長	清水 竹志	1943.4.7	ソロモン
730		2	操	三飛曹	鬼倉 成徳	1941.12.8	ハワイ
731			偵	一飛曹	桑畑 一義	1941.12.8	ハワイ
732		3	操	一飛兵	芥川 武志	1942.8.24	第二次ソロモン
733			偵	一飛兵	佐々木 三男	1942.8.24	第二次ソロモン

制空
【赤城】

734	1	1	操	大尉	進藤 三郎	○	
735		2	操	一飛曹	木村 惟雄	○	
736		3	操	三飛曹	井石 清次	1942.8.29	ソロモン
737		1	操	一飛曹	乙訓 菊江	○	
738		2	操	二飛曹	高原 重信	1944.9.21	比島
739		3	操	一飛兵	森 栄	1944.4.5	南寧
740		1	操	一飛曹	田中 克視	1944.6.11	マリアナ
741		2	操	二飛曹	丸田 富吉	1943.4.27（殉職）	館山
742		3	操	一飛兵	佐野 信平	1942.6.5	ミッドウェー

【加賀】

743	2	1	操	大尉	二階堂 易	1942.5.8（殉職）	伊豆半島
744		2	操	一飛曹	稲永 富雄	1941.12.8	ハワイ
745		3	操	二飛曹	甲斐 巧	1944.6.20	マリアナ沖
746		1	操	飛曹長	五島 一平	1941.12.8	ハワイ
747		2	操	一飛曹	石川 友年	1944.7.6（殉職）	厚木
748		3	操	一飛兵	阪東 誠	○	
749		1	操	一飛曹	鈴木 清延	1942.10.26	南太平洋
750		2	操	一飛曹	長濱 芳和	1943.9.6（殉職）	築城
751		3	操	一飛兵	高橋 英市	1942.6.5	ミッドウェー

【蒼龍】

752	3	1	操	大尉	飯田 房太	1941.12.8	ハワイ
753		2	操	一飛曹	厚見 峻	1941.12.8	ハワイ
754		3	操	二飛曹	石井 三郎	1941.12.8	ハワイ
755		1	操	中尉	藤田 怡與蔵	○	
756		2	操	一飛曹	高橋 宗三郎	1944.11.18	比島
757		3	操	二飛曹	岡元 高志	○	
758		1	操	一飛曹	小田 喜一	1944.12.10	小笠原沖
759		2	操	二飛曹	田中 二郎	1942.12.10	ソロモン
760		3	操	三飛曹	高島 武雄	1942.6.5	ミッドウェー

【飛龍】

761	4	1	操	大尉	能野 澄夫	1942.4.9	セイロン
762		2	操	一飛曹	東中 龍夫	○	
763		3	操	三飛曹	新田 春雄	1942.6.5	ミッドウェー
764		1	操	中尉	重松 康弘	1944.7.8	ヤップ
765		2	操	一飛曹	西開地 重徳	1941.12.14	ハワイ
766		3	操	二飛曹	戸高 昇	1942.6.5	ミッドウェー
767		1	操	一飛曹	松山 次男	1943.4.7	ソロモン
768		2	操	一飛曹	牧野田 俊夫	1942.4.9	セイロン
769		3	操	一飛兵	千代島 豊	1942.6.5	ミッドウェー

艦隊直掩

艦隊直掩
【赤城】

770		1	操	中尉	山本 重久	○	
771		2	操	一飛曹	菊地 哲生	1944.6.19	マリアナ沖

【加賀】

772		1	操		田中 喜蔵	1942.8.30	ガダルカナル

【飛龍】

773		1	操	一飛曹	日野 正人	1942.6.5	ミッドウェー
774		2	操	一飛兵	豊島 一	1944.8.15	カウラ
775		3	操	一飛兵	小谷 賢治	1945.3.13	内地
776		1	操	一飛曹	佐々木 斉	○	
777		2	操	一飛兵	林 茂	1944.3.31	ペリリュー
778		3	操	一飛兵	今村 幸一	1944.6.19	マリアナ沖

【蒼龍】

779		1	操	一飛曹	原田 要	○	
780		2	操	一飛兵	長沢 源造	1942.6.5	ミッドウェー
781		3	操	一飛兵	岩渕 良雄	1944.8.10	グアム
782		1	操	一飛曹	久保田 亘	1943.9.12	内地
783		2	操	二飛曹	野村 栄良	1941.12.9	真珠湾近海
784		3	操	一飛兵	東 幸雄	1942.4.5	セイロン

【翔鶴】

785		1	操	中尉	飯塚 雅夫	1944.10.15	台湾沖
786		2	操	二飛曹	山本 一郎	1944.6.19	マリアナ沖
787		3	操	三飛曹	川俣 輝男	1942.6.5	ミッドウェー
788		1	操	一飛曹	住田 剛	1942.8.30	ガダルカナル
789		2	操	二飛曹	宮沢 武男	1942.5.8	珊瑚海
790		3	操	一飛兵	真田 栄治	1944.10.25	比島東方
791		1	操	一飛曹	半沢 行雄	1942.10.26	南太平洋
792		2	操	二飛曹	川西 仁一郎	1942.8.30	ガダルカナル
793		3	操	二飛曹	佐々木原 正夫	○	
794		1	操	二飛曹	岡部 健二	○	
795		2	操	二飛曹	一ノ瀬 寿	1942.5.8	珊瑚海
796		3	操	一飛兵	河野 茂	○	
797		2	操	一飛曹	林 冨士雄	1942.4.9	セイロン
798		3	操	一飛兵	小町 定	○	

【瑞鶴】

799		1	操	中尉	塚本 祐造	○	
800		2	操	一飛曹	佃 精一	○	
801		3	操	一飛兵	二杉 利次	1944.6.24	硫黄島
802		1	操	一飛曹	岩本 徹三	○	

629	2	1	偵	大尉	中川 俊	○	
630		2	操	一飛曹	大石 幸雄	1942.6.5	アリューシャン
631			偵	一飛曹	田島 一男	1945.3.18（特攻）	九州沖
632		3	操	三飛曹	黒木 順一	1942.6.5	ミッドウェー
633			偵	三飛曹	村上 親愛	1942.8.24	第二次ソロモン
634		1	操	一飛曹	中川 静夫	1944.2.16（殉職）	内地
635			偵	飛曹長	中山 七五三松	1943.6.13（殉職）	内地
636		2	操	一飛曹	瀬尾 鉄男	1944.6.15	マリアナ
637			偵	一飛曹	安田 信恵	1942.8.24	第二次ソロモン
638		3	操	一飛兵	近藤 澄夫	1942.6.5	ミッドウェー
639			偵	三飛曹	板津 辰雄	○	
640		1	操	一飛曹	川畑 弘保	1945.3.19（特攻）	九州沖
641			偵	飛曹長	石井 正郎	1942.10.26	南太平洋
642		2	操	二飛曹	清村 勇	1941.12.8	ハワイ
643			偵	二飛曹	清水 好生	1941.12.8	ハワイ
644		3	操	一飛兵	淵上 一生	1942.6.5	ミッドウェー
645			偵	一飛兵	水野 泰彦	1942.6.5	ミッドウェー

【赤城】

646	1	1	操	一飛曹	古田 清人	○	
647			偵	大尉	千早 猛彦	1944.6.11	マリアナ
648		2	操	三飛曹	向後 栄	1942.8.24	第二次ソロモン
649			偵	一飛曹	山本 義一	1942.8.24	第二次ソロモン
650		3	操	一飛兵	大野 孝	1942.8.24	第二次ソロモン
651			偵	一飛兵	長谷川 菊之助	1944.6.19	マリアナ沖
652		1	操	大尉	山田 昌平	1942.10.26	南太平洋
653			偵	一飛曹	野坂 悦盛	1944.6.19	マリアナ沖
654		2	操	一飛兵	望月 伊作	1944.2.17	トラック
655			偵	二飛曹	土屋 亮六	1942.10.26	南太平洋
656		3	操	二飛曹	石井 信一	1942.10.15	ソロモン
657			偵	二飛曹	山下 敏平	1945.3.19（特攻）	九州沖
658		1	操	二飛曹	太田 誠一	1941.12.8	ハワイ
659			偵	飛曹長	大山 利雄	1941.12.8	ハワイ
660		2	操	三飛曹	本間 金助	1941.12.8	ハワイ
661			偵	二飛曹	木下 廣吉	1941.12.8	ハワイ
662		3	操	一飛兵	島倉 忠治	1941.12.8	ハワイ
663			偵	二飛曹	坂本 清	1941.12.8	ハワイ
664	2	1	操	大尉	阿部 善次	○	
665			偵	飛曹長	斎藤 千秋	1944.6.15	マリアナ
666		2	操	二飛曹	後藤 元	1941.12.8	ハワイ
667			偵	二飛曹	宇津木 道司	1941.12.8	ハワイ
668		3	操	三飛曹	菊地 五一	1942.10.26	南太平洋
669			偵	二飛曹	飯田 好弘	1942.8.24	第二次ソロモン
670		1	操	一飛曹	田中 義春	1944.10.14	台湾沖
671			偵	中尉	大淵 珪三	○	
672		2	操	二飛曹	雨宮 伊佐男	○	
673			偵	一飛曹	土屋 睦邦	1944.10.24	比島
674		3	操	三飛曹	飯塚 徳次	○	
675			偵	二飛曹	川井 裕	1942.8.24	第二次ソロモン
676		1	操	一飛曹	鈴木 要	1942.10.26	南太平洋
677			偵	飛曹長	前川 賢次	1942.10.26	南太平洋
678		2	操	一飛兵	武居 一馬	1942.10.26	南太平洋
679			偵	一飛曹	原田 嘉太男	1945.2.21（特攻）	硫黄島
680		3	操	一飛兵	長島 善作	1945.5.4	沖縄
681			偵	三飛曹	西山 強	1944.10.14	台湾沖

【加賀】

682	1	1	操	大尉	牧野 三郎	1941.12.8	ハワイ
683			偵	飛曹長	鋤田 末男	1941.12.8	ハワイ
684		2	操	二飛曹	田中 武夫	1942.6.5	ミッドウェー
685			偵	一飛曹	藤野 惣八	1942.6.5	ミッドウェー
686		3	操	二飛曹	平島 文夫	1941.12.8	ハワイ
687			偵	三飛曹	坂東 敏明	1941.12.8	ハワイ
688		1	操	一飛曹	樋渡 利吉	1944.8.19（殉職）	横須賀
689			偵	大尉	渡部 俊夫	1944.6.17	マリアナ
690		2	操	一飛兵	小野 源	1942.10.26	南太平洋
691			偵	二飛曹	佐藤 直人	○	
692		3	操	一飛兵	岡 巖	1941.12.8	ハワイ
693			偵	三飛曹	南﨑 常夫	1941.12.8	ハワイ
694		1	操	一飛曹	秋元 保	1943.3.19	台湾沖
695			偵	飛曹長	中島 米吉	○	
696		2	操	一飛兵	角田 光威	1942.10.26	南太平洋
697			偵	一飛兵	川口 俊光	1942.8.24	第二次ソロモン
698	2	1	操	大尉	小川 正一	1942.6.5	ミッドウェー
699			偵	一飛曹	吉川克己	○	
700		2	操	二飛曹	津田 信夫	1941.12.8	ハワイ
701			偵	一飛曹	今井 福満	1941.12.8	ハワイ
702		3	操	三飛曹	坂口 登	1941.12.8	ハワイ
703			偵	三飛曹	朝日 長章	1941.12.8	ハワイ
704		1	操	中尉	相川 嘉逸	1944.2.23	マリアナ
705			偵	一飛曹	市町 準一	1942.8.24	第二次ソロモン
706		2	操	二飛曹	村上 吉喜	○	
707			偵	三飛曹	渡邊 政造	○	
708		3	操	一飛兵	岡田 栄三郎	1942.8.24	第二次ソロモン
709			偵	三飛曹	長淵 弘	1943.11.11	ソロモン
710		1	操	一飛曹	内門 武蔵	1942.2.19	ダーウィン
711			偵	飛曹長	鶴 勝義	1942.2.19	ダーウィン
712		2	操	二飛曹	石塚 重男	1942.5.7	珊瑚海
713			偵	一飛曹	東郷 幸男	1943.11.11	ソロモン
714		3	操	一飛兵	山川 光好	1942.8.24	第二次ソロモン
715			偵	一飛兵	三宅 保	1942.10.26	南太平洋
716	3	1	操	大尉	伊吹 正一	○	
717			偵	一飛曹	内川 祐輔	1942.6.5	ミッドウェー
718		2	操	二飛曹	西森 俊雄	1942.10.26	南太平洋
719			偵	二飛曹	野田 絢治	○	
720		3	操	一飛兵	山川 新作	○	

536	2	3	偵	二飛曹	太田 六之助	1942.5.8	珊瑚海
537			電	一飛兵	小林 和夫	1942.5.8	珊瑚海
538		1	操	一飛曹	佐藤 孝司	○	
539			偵	飛曹長	鈴木 直一郎	1944.10.24	比島
540			電	二飛曹	宮永 英次	○	
541		2	操	二飛曹	赤尾 明	1944.3.19	内南洋
542			偵	一飛曹	一條 信一	○	
543			電	一飛兵	江藤 金也	1942.5.7	珊瑚海
544		3	操	一飛兵	武井 清美	1942.10.26	南太平洋
545			偵	三飛曹	田中 経廣	1942.5.8	珊瑚海
546			電	一飛兵	坂下 一男	○	
547	3	1	操	飛曹長	進藤 三郎	1942.5.8	珊瑚海
548			偵	大尉	入来院 良秋	1942.10.26	南太平洋
549			電	三飛曹	沖山 鉄雄	○	
550		2	操	一飛曹	岩館 仁三郎	1944.4.27	ホーランディア
551			偵	飛曹長	川島 平三郎	1943.12.3	ソロモン
552			電	一飛兵	森下 昇	○	
553		3	操	二飛曹	長谷川 辰夫	1942.10.17	ガダルカナル
554			偵	二飛曹	山崎 三郎	1944.6.20	マリアナ沖
555			電	一飛兵	児玉 照視	1942.5.7	珊瑚海
556		1	操	二飛曹	関 徳治	1942.10.26	南太平洋
557			偵	飛曹長	斎藤 政二	1942.10.26	南太平洋
558			電	二飛曹	鎌田 保秋	○	
559		2	操	三飛曹	良知 保	1942.5.8	珊瑚海
560			偵	一飛曹	大竹 登美衛	1944.10.11	台湾
561			電	一飛兵	高杉 教太郎	1944.6.19	マリアナ沖
562		3	操	二飛曹	大塚 章雄	1943.7.24	本州南方
563			偵	三飛曹	青木 貢	○	
564			電	一飛兵	野村 治	1942.10.26	南太平洋
565		1	操	二飛曹	戸田 儀助	1944.11.14	比島
566			偵	飛曹長	松本 頼時	1942.5.7	珊瑚海
567			電	二飛曹	安部 晃	1942.10.26	南太平洋
568		2	操	一飛兵	関藤 蝶治	1942.5.8	珊瑚海
569			偵	二飛曹	樋口 金造	1944.6.19	マリアナ沖
570			電	一飛兵	逢坂 泰三郎	1944.6.19	マリアナ沖
571		3	操	一飛兵	佐藤 勝美	1942.5.7	珊瑚海
572			偵	三飛曹	佐藤 行良	○	
573			電	一飛兵	井上 博	1943.11.5	ソロモン

急降下爆撃
【蒼龍】

574	1	1	操	少佐	江草 隆繁	1944.6.15	マリアナ
575			偵	飛曹長	石井 樹	1944.6.17	マリアナ
576		2	操	二飛曹	山崎 武男	○	
577			偵	一飛曹	遠藤 正	1944.10.14	台湾沖
578		3	操	三飛曹	川崎 悟	1941.12.8	ハワイ
579			偵	一飛曹	高橋 亮一	1941.12.8	ハワイ
580		1	操	一飛曹	中川 紀雄	1945.4.7（特攻）	沖縄
581			偵	大尉	山下 途二	1942.6.5	ミッドウェー
582		2	操	二飛曹	須藤 市郎	1944.6.24	硫黄島
583	1	2	偵	二飛曹	田崎 積	1942.11.11	ソロモン
584		3	操	三飛曹	丸山 賢治	1941.12.8	ハワイ
585			偵	二飛曹	桑原 秀安	1941.12.8	ハワイ
586		1	操	一飛曹	朝倉 暢	1942.4.9	セイロン
587			偵	一飛曹	船崎 金二	1943.11.17	ソロモン
588		2	操	三飛曹	井後 義雄	1942.4.9	セイロン
589			偵	一飛曹	石田 重吉	1942.4.9	セイロン
590		3	操	二飛曹	池永 弘	1945.3.21（特攻）	九州沖
591			偵	二飛曹	高橋 秀吉	1944.10.24	比島
592	2	1	操	大尉	池田 正偉	1943.10.15	オロ湾
593			偵	飛曹長	寺井 栄	1944.6.15	マリアナ
594		2	操	一飛曹	山田 隆	○	
595			偵	一飛曹	藤田 多吉	○	
596		3	操	三飛曹	藤田 辰男	1942.4.9	セイロン
597			偵	一飛曹	金賀 五郎	1942.4.9	セイロン
598		1	操	大尉	小井手 護之	1943.11.11	ソロモン
599			偵	一飛曹	山本 博	1942.6.5	アリューシャン
600		2	操	一飛曹	土屋 庚道	1943.12.8（殉職）	セレベス
601			偵	一飛曹	寺元 英己	1942.4.9	セイロン
602		3	操	一飛兵	遠藤 定雄	1942.6.5	ミッドウェー
603			偵	三飛曹	水谷 廣恵	○	
604		1	操	一飛曹	菅原 隆	1942.4.9	セイロン
605			偵	飛曹長	山口 幸男	1942.4.9	セイロン
606		2	操	一飛兵	加藤 求	1942.10.26	南太平洋
607			偵	二飛曹	土井 安松	○	
608		3	操	一飛兵	小瀬本 國雄	○	
609			偵	二飛曹	高野 義雄	1942.6.5	アリューシャン

【飛龍】

610	1	1	操	大尉	小林 道雄	1942.6.5	ミッドウェー
611			偵	飛曹長	小野 義範	1942.6.5	ミッドウェー
612		2	操	一飛曹	崎山 保	1942.6.5	ミッドウェー
613			偵	一飛曹	前田 孝	1942.6.5	ミッドウェー
614		3	操	一飛兵	坂井 秀男	1942.6.5	ミッドウェー
615			偵	二飛曹	大倉 昌	○	
616		1	操	大尉	下田 一郎	1944.8.2	テニアン
617			偵	一飛曹	住吉 語	1945.4.16（特攻）	沖縄
618		2	操	三飛曹	中尾 信道	1942.6.5	ミッドウェー
619			偵	一飛曹	岡村 栄光	1942.6.5	ミッドウェー
620		3	操	二飛曹	池田 高三	1942.6.5	ミッドウェー
621			偵	二飛曹	宮里 光夫	○	
622		1	操	一飛曹	山田 喜七郎	1942.6.5	ミッドウェー
623			偵	飛曹長	吉川 啓次郎	○	
624		2	操	三飛曹	土屋 孝美	1945.4.24	比島
625	1	2	偵	一飛曹	福永 義暉	1942.6.5	ミッドウェー
626		3	操	二飛曹	外山 維良	1941.12.8	ハワイ
627			偵	一飛兵	村尾 一	1941.12.8	ハワイ
628	2	1	操	飛曹長	西原 敏勝	1942.6.5	ミッドウェー

442	2	2	操	一飛曹	百瀬 泰成	1944.6.12（殉職）	大分
443			偵	二飛曹	西山 武志	1944.10.12	台湾沖
444			電	一飛兵	瀬崎 三千歳	1944.10.13	台湾沖
445		3	操	一飛兵	古藪 茂夫	1943.10.27	台湾
446			偵	二飛曹	松尾 典照	1944.4.23	小笠原
447			電	一飛兵	白井 賢治郎	1942.2.6	南洋群島
448		1	操	中尉	村上 喜人	1942.5.7	珊瑚海
449			偵	飛曹長	馬場 常一	1942.5.7	珊瑚海
450			電	三飛曹	宮田 長喜	1942.5.7	珊瑚海
451		2	操	三飛曹	横枕 秀綱	○	
452			偵	一飛曹	信田 安治	○	
453			電	一飛兵	内海 寿夫	○	
454		3	操	一飛兵	俵 忠美	1944.11.13	台湾東方
455			偵	二飛曹	田村 平治	○	
456			電	二飛曹	北原 哲也	1942.5.7	珊瑚海
457		1	操	一飛曹	小山 鶏喜	1942.5.1	ローソップ島
458			偵	飛曹長	小原 七郎	1942.3.30（殉職）	内地
459			電	一飛兵	大内 公威	1945.4.3	沖縄
460		2	操	二飛曹	野中 亀男	○	
461			偵	二飛曹	貴志 億	1944.11.17	済州島沖
462			電	二飛曹	田川 勲	1944.6.19	マリアナ沖
463		3	操	一飛兵	盛満 工	1942.5.8	珊瑚海
464			偵	一飛曹	川畑 小吉	1942.10.26	南太平洋
465			電	一飛兵	公平 正利	1943.12.31	ソロモン
466	3	1	操	大尉	坪田 義明	1942.5.7	珊瑚海
467			偵	一飛曹	小坂田 登	1942.5.7	珊瑚海
468			電	一飛曹	牛嶋 静人	○	
469		2	操	一飛曹	杉本 諭	1942.5.7	珊瑚海
470			偵	飛曹長	新野 多喜男	1942.5.8	珊瑚海
471			電	一飛兵	長谷川 清松	1942.5.7	珊瑚海
472		3	操	三飛曹	米山 茂樹	1945.4.6（特攻）	沖縄
473			偵	二飛曹	森木 常正	1942.5.8	珊瑚海
474			電	一飛兵	安藤 美	1942.7.21（殉職）	三重
475		1	操	中尉	佐藤 善一	○	
476			偵	一飛曹	多田 粲	1943.11.11	ソロモン
477			電	三飛曹	西沢 十一郎	○	
478		2	操	一飛曹	田平 幸男	1942.5.7	珊瑚海
479			偵	一飛曹	大谷 良一	1942.10.26	南太平洋
480			電	二飛曹	生島 亮	1942.5.8	珊瑚海
481		3	操	一飛兵	大河内 正二	1942.7.21（殉職）	三重
482			偵	二飛曹	大西 久夫	1942.5.7	珊瑚海
483			電	三飛曹	西谷 芳数	1944.3.31	内南洋
484		1	操	一飛曹	河田 忠義	1944.6.24	硫黄島
485			偵	特少尉	金田 数正	1945.3.2	九州沖
486			電	一飛兵	篠田 英治	1942.5.1	ローソップ島
487		2	操	二飛曹	福谷 知康	1942.5.8	珊瑚海

488	3	2	偵	二飛曹	山田 大	1942.5.8	珊瑚海
489			電	三飛曹	兼藤 二郎	1942.5.7	珊瑚海
490		3	操	一飛兵	田辺 数夫	1944.10.24	比島
491			偵	二飛曹	斎藤 昭	1944.6.19	マリアナ沖
492			電	一飛兵	原 明	1942.10.26	南太平洋
					【翔鶴】		
493	1	1	操	大尉	市原 辰雄	1943.11.1	ソロモン
494			偵	飛曹長	磯野 貞治	○	
495			電	二飛曹	宗形 義秋	1942.10.26	南太平洋
496		2	操	二飛曹	沖村 覚	1943.11.8	ソロモン
497			偵	飛曹長	浮田 忠明	1943.11.8	ソロモン
498			電	三飛曹	戸澤 博	○	
499		3	操	三飛曹	折笠 俶三	○	
500			偵	二飛曹	松山 弥高	○	
501			電	三飛曹	高田 忠勝	1942.5.8	珊瑚海
502		1	操	一飛曹	斎藤 義雄	1943.4.27（殉職）	内地
503			偵	中尉	矢野 矩穂	1942.5.8	珊瑚海
504			電	三飛曹	伊林 順平	1942.5.8	珊瑚海
505		2	操	一飛兵	大谷 信治	1942.5.8	珊瑚海
506			偵	一飛曹	大久保 忠平	○	
507			電	二飛曹	児玉 清三	1942.10.26	南太平洋
508		3	操	一飛兵	川原 武彦	1944.10.21	比島
509			偵	二飛曹	山内 一夫	1942.10.26	南太平洋
510			電	一飛兵	五味茂雄	○	
511		1	操	一飛曹	大久保 優	○	
512			偵	一飛曹	菅野 兼蔵	1942.5.8	珊瑚海
513			電	三飛曹	石原 芳雄	1944.10.25	比島
514		2	操	一飛兵	伊藤 東吾	1942.5.8	珊瑚海
515			偵	二飛曹	茂田 直貴	○	
516			電	一飛兵	中納 義光	○	
517		3	操	二飛曹	坂倉 孝治	○	
518			偵	三飛曹	佐藤 一三	1942.5.8	珊瑚海
519			電	二飛曹	堀江 勇	1944.12.26	マリアナ
520	2	1	操	一飛曹	石川 鋭	○	
521			偵	大尉	萩原 努	1942.5.7	珊瑚海
522			電	二飛曹	相良 栄吉	1942.5.7	珊瑚海
523		2	操	飛曹長	米倉 久人	1942.5.7	珊瑚海
524			偵	一飛曹	中村 幸次郎	1942.5.8	珊瑚海
525			電	二飛曹	福島 儀男	○	
526		3	操	一飛兵	村上 長門	1942.5.7	珊瑚海
527			偵	二飛曹	高橋 弘	1942.5.7	珊瑚海
528			電	一飛兵	菊地 四郎	○	
529		1	操	中尉	岩村 勝夫	1942.5.8	珊瑚海
530			偵	飛曹長	柴田 正信	1943.11.10	ソロモン
531			電	三飛曹	三角 申松	1942.5.8	珊瑚海
532		2	操	一飛兵	人見 達弥	1942.5.7	珊瑚海
533			偵	一飛曹	白井 福次郎	1942.5.7	珊瑚海
534			電	二飛曹	戸水 義一	1942.5.7	珊瑚海
535		3	操	一飛兵	佐藤 長作	1942.10.17	ガダルカナル

359			偵	二飛曹	白倉 耕太	1942.8.24	第二次ソロモン
360			偵	二飛曹	杉木 鉄司	1942.4.5	セイロン
361			偵	二飛曹	鈴木 昌三	1942.8.24	第二次ソロモン
362			偵	三飛曹	川添 正義	1942.5.7	珊瑚海
363			偵	三飛曹	萩原 道治	1942.4.5	セイロン
364			偵	三飛曹	福垣内 實美	1943.12.25	ニューアイルランド沖
365			偵	一飛兵	泉 潔	1942.5.8	珊瑚海
366			偵	一飛兵	瀬市 軍三	1942.11.11	ソロモン
367			偵	一飛兵	弘兼 五一	1942.10.26	南太平洋
368			偵	一飛兵	福本 武	1943.6.16	ガダルカナル

制空

【赤城】

369	1	1	操	少佐	板谷 茂	1944.7.24	北千島
370		2	操	一飛曹	平野 崟	1941.12.8	ハワイ
371		3	操	一飛曹	岩間 品次	1942.6.5	ミッドウェー
372		1	操	大尉	指宿 正信	○	
373		2	操	一飛曹	岩城 芳雄	1942.8.24	第二次ソロモン
374		3	操	一飛兵	羽生 十一郎	1942.6.5	ミッドウェー
375		1	操	飛曹長	小山内 末吉	1942.10.26	南太平洋
376		2	操	二飛曹	谷口 正夫	○	
377		3	操	一飛兵	高須賀 満美	1942.8.28	ソロモン

【加賀】

378	2	1	操	大尉	志賀淑雄	○	
379		2	操	二飛曹	平石 勲	1942.1.20	ラバウル
380		3	操	二飛曹	佐野 清之進	1941.12.8	ハワイ
381		1	操	中尉	坂井 知行	1942.11.30	ブナ
382		2	操	一飛曹	萩原 二男	1942.8.30	ソロモン
383		3	操	二飛曹	平山 巖	1942.6.5	ミッドウェー
384		1	操	一飛曹	山本 旭	1944.11.24	千葉
385		2	操	二飛曹	羽田 透	1941.12.8	ハワイ
386		3	操	一飛兵	中上 喬	1942.10.26	南太平洋

【蒼龍】

387	3	1	操	大尉	菅波 政治	1942.11.14	ソロモン
388		2	操	一飛曹	三田 巖	1944.7.4	硫黄島
389		3	操	三飛曹	鈴木 新一	1944.3.30	パラオ
390		1	操	飛曹長	田中 平	○	
391		2	操	三飛曹	荻野 恭一郎	1942.10.25	ガダルカナル
392		3	操	一飛兵	土井川 勲	1944.6.19	マリアナ沖
393		1	操	一飛曹	野田 光臣	1944.3.29	内南洋
394		2	操	二飛曹	吉松 要	1944.4.5	南寧

【飛龍】

395	4	1	操	大尉	岡嶋 清熊	○	
396		2	操	一飛曹	村中 一夫	○	
397		3	操	三飛曹	田原 功	1944.4.9	海南島
398		1	操	一飛曹	野口 毅次郎	○	
399		2	操	三飛曹	原田 敏尭	○	
400		3	操	一飛兵	専當 哲男	1942.1.12 (殉職)	内地

【瑞鶴】

401	5	1	操	大尉	佐藤 正夫	1943.11.11	ソロモン
402		2	操	一飛曹	亀井 富男	1942.10.26	南太平洋
403		1	操	大尉	牧野 正敏	1942.4.9	セイロン
404		2	操	一飛曹	清末 銀治	1944.2.7	ラバウル
405		1	操	飛曹長	児玉 義美	1942.6.5	ミッドウェー
406		2	操	二飛曹	小見山 賢太	1944.6.19	マリアナ沖

【翔鶴】

407	6	1	操	大尉	兼子 正	1942.11.14	ソロモン
408		2	操	飛曹長	安部 安次郎	○	
409		3	操	一飛曹	西出 伊信	1943.2.1	ソロモン
410		1	操	大尉	帆足 工	1943.6.16 (殉職)	鈴鹿
411		2	操	一飛曹	松田 二郎	○	

第2次攻撃隊

水平爆撃

【瑞鶴】

412	1	1	操	少佐	嶋崎 重和	1945.1.9	台湾
413			偵	特少尉	松永 寿夫	○	
414			電	二飛曹	遠藤 多作	1942.5.7	珊瑚海
415		2	操	飛曹長	八重樫 春造	○	
416			偵	一飛曹	姫石 忠男	1945.8.14 (戦病死)	内地
417			電	一飛兵	谷 千尋	1942.5.8	珊瑚海
418		3	操	一飛兵	畑中 正人	1944.10.30	比島
419			偵	二飛曹	上野 秀一	1944.7.8	サイパン
420			電	一飛兵	大泉 金吾郎	○	
421		1	操	大尉	中本 道次郎	1944.6.19	マリアナ沖
422			偵	一飛曹	西村 喜好	○	
423			電	二飛曹	吉田 湊	1945.5.25 (特攻)	沖縄
424		2	操	二飛曹	塩足 石見	1944.6.24	硫黄島
425			偵	三飛曹	小島 新八	1942.5.7	珊瑚海
426			電	一飛兵	吉村 武治	1942.10.26	南太平洋
427		3	操	三飛曹	野澤 芳郎	1942.5.7	珊瑚海
428			偵	二飛曹	川原 信男	1942.5.7	珊瑚海
429			電	二飛曹	小林 光	1945.3.21 (特攻)	九州沖
430		1	操	一飛曹	石原 久	1942.10.26	南太平洋
431			偵	飛曹長	金澤 卓一	○	
432			電	二飛曹	太田 毅	1944.10.15	台湾沖
433		2	操	三飛曹	北村 清一	1945.5.14	周防灘
434			偵	一飛曹	原 直一	1944.10.16	台湾沖
435			電	三飛曹	繁富 悦行	1944.10.15	九州沖
436		3	操	二飛曹	本間 秀雄	○	
437			偵	二飛曹	井手原 春信	1942.5.8	珊瑚海
438			電	一飛兵	森下 亮一郎	1945.3.20 (特攻)	九州沖
439	2	1	操	一飛曹	堀 亀三	1945.4.24	比島
440			偵	大尉	石見 丈三	○	
441			電	一飛曹	吉永 正夫	1945.3.21 (特攻)	九州沖

急降下爆撃

【翔鶴】

268	指揮小隊	1	操	少佐	高橋 赫一	1942.5.8	珊瑚海
269			偵	中尉	小泉 精三	1942.5.8	珊瑚海
270		2	操	一飛曹	篠原 一男	1942.8.24	第二次ソロモン
271			偵	一飛曹	小板橋 博司	1944.11.8	内南洋
272		3	操	二飛曹	福原 淳	1942.5.8	珊瑚海
273			偵	二飛曹	元 俊二郎	1942.5.20	珊瑚海戦傷
274	3	1	操	大尉	比良 国清	1944.2.7	台湾南方
275			偵	一飛曹	長 光雄	1942.4.5	セイロン
276		2	操	二飛曹	中所 修平	1943.11.8	ソロモン
277			偵	三飛曹	大浦 民平	○	
278		3	操	一飛兵	原島 正義	1942.8.24	第二次ソロモン
279			偵	一飛兵	吉永 四郎	1942.10.26	南太平洋
280		1	操	二飛曹	鈴木 敏夫	○	
281			偵	飛曹長	国分 豊美	1943.2.9（殉職）	内地
282		2	操	三飛曹	北村 富佐士	1944.6.20	マリアナ沖
283			偵	二飛曹	富樫 勝介	1944.9.3	比島
284		3	操	一飛兵	関 政男	1942.6.5	ミッドウェー
285			偵	一飛兵	山内 博	1942.10.26	南太平洋
286	1	1	操	大尉	山口 正夫	1942.10.26	南太平洋
287			偵	一飛曹	染野 文雄	1942.10.26	南太平洋
288		2	操	三飛曹	池田 清	1942.5.8	珊瑚海
289			偵	三飛曹	田中 廣吉	1942.8.24	第二次ソロモン
290		3	操	一飛兵	小田桐 忠造	1942.8.24	第二次ソロモン
291			偵	二飛曹	千葉 正史	1945.4.6（特攻）	沖縄
292		1	操	中尉	三福 岩吉	○	
293			偵	一飛曹	野邊 武夫	1942.5.8	珊瑚海
294		2	操	一飛兵	岡田 忠夫	1942.6.5	アリューシャン
295			偵	二飛曹	田崎 純	1943.10.27	マーシャル
296		1	操	一飛曹	上島 初	1944.10.14	台湾沖
297			偵	飛曹長	中 定次郎	1942.10.26	南太平洋
298		2	操	二飛曹	高橋 幸治	1942.8.27	ニューギニア
299			偵	二飛曹	松井 勝	1943.4.7	ソロモン
300		3	操	三飛曹	加藤 熊一	1942.5.8	珊瑚海
301			偵	一飛兵	横田 益太郎	1942.10.26	南太平洋
302	2	1	操	大尉	藤田 久良	1942.4.5	セイロン
303			偵	特少尉	野津 保衛	1942.5.8	珊瑚海
304		2	操	三飛曹	山谷 喜吉	1944.6.19	マリアナ沖
305			偵	三飛曹	汲田 昇	1943.11.11	ソロモン
306		3	操	一飛兵	塙 朋重	1942.5.8	珊瑚海
307			偵	一飛兵	早坂 庚四郎	1942.1.20	ラバウル
308		1	操	飛曹長	松田 幸徳	1942.5.8	珊瑚海
309			偵	一飛曹	今田 徹	1944.6.15	マリアナ
310		2	操	一飛曹	白井 五郎	1942.8.24	第二次ソロモン
311			偵	二飛曹	鈴木 富三	1942.5.8	珊瑚海
312		3	操	一飛兵	大川 豊信	1944.6.20	マリアナ沖
313			偵	一飛兵	松田 昇	1942.5.8	珊瑚海
314	2	1	操	一飛曹	伊藤 勇三	1942.5.8	珊瑚海
315			偵	二飛曹	長澤 重信	1942.5.8	珊瑚海
316		2	操	三飛曹	中川 貞信	1942.1.20	ラバウル
317			偵	二飛曹	垣花 孝芳	1942.7.21（殉職）	鈴鹿
318		3	操	一飛兵	岩槻 国夫	1941.12.8	ハワイ
319			偵	一飛兵	熊倉 哲三郎	1941.12.8	ハワイ

【瑞鶴】

320	1	1	操	大尉	坂本 明	1942.8.15（殉職）	横須賀
321			偵	飛曹長	井塚 芳夫	1944.6.24	硫黄島
322		2	操	二飛曹	酒巻 秀明	1942.10.26	南太平洋
323			偵	二飛曹	藤岡 寅夫	1942.10.26	南太平洋
324		3	操	一飛兵	田中 五郎	1944.6.19	マリアナ沖
325			偵	一飛兵	山口 勝	1942.5.5（殉職）	野島崎沖
326		1	操	飛曹長	氏木 平槌	1942.4.5	セイロン
327			偵	一飛曹	雨宮 貞雄	1942.4.5	セイロン
328		2	操	一飛曹	斎藤 益一	1942.4.5	セイロン
329			偵	二飛曹	根岸 正明	1945.3.29	種子島沖
330			操	大尉	江間 保	○	
331			操	中尉	葛原 丘	1942.5.8	珊瑚海
332			操	飛曹長	福永 政登	1942.8.24	第二次ソロモン
333			操	一飛曹	安藤 五郎	1942.10.26	南太平洋
334			操	一飛曹	井方 作雄	1942.8.24	第二次ソロモン
335			操	一飛曹	稲垣 富士夫	1942.5.7	珊瑚海
336			操	一飛曹	中西 義男	1943.6.16	ガダルカナル
337			操	二飛曹	岩本 茂	1942.4.5	セイロン
338			操	二飛曹	加藤 清武	1942.10.26	南太平洋
339			操	二飛曹	菅崎 正生	1942.10.26	南太平洋
340			操	二飛曹	谷村 正治	1942.4.5	セイロン
341			操	二飛曹	堀 建二	○	
342			操	三飛曹	天近 進	1944.10.24	比島
343			操	三飛曹	竹谷 猛	1942.5.5	野島崎沖
344			操	三飛曹	野原 忠明	1942.4.5	セイロン
345			操	一飛兵	江種 繁樹	1945.4.6（特攻）	沖縄
346			操	一飛兵	河村 修	1942.10.15	ソロモン
347			操	一飛兵	谷奥 平	1942.10.26	南太平洋
348			操	一飛兵	松本 芳一郎	1942.8.24	第二次ソロモン
349			操	一飛兵	渡辺 利一	1942.6.5	ミッドウェー
350			偵	大尉	林 親博	1944.10.25	比島沖
351			偵	中尉	大塚 礼治郎	1942.8.24	第二次ソロモン
352			偵	飛曹長	小山 茂	1942.5.7	珊瑚海
353			偵	飛曹長	東 藤一	1942.10.26	南太平洋
354			偵	一飛曹	石川 重一	1944.1.30	マーシャル
355			偵	一飛曹	川瀬 孝治	1942.5.8	珊瑚海
356			偵	一飛曹	深江 雄一	1942.4.5	セイロン
357			偵	一飛曹	松本 彦一	1942.4.5	セイロン
358			偵	二飛曹	上谷 睦夫	1943.2.1	ソロモン

177	2	1	電	一飛曹	南木 清之助	1944.6.19	マリアナ沖
178		2	操	二飛曹	蓼原 勇雄	1944.10.12	台湾沖
179			偵	一飛曹	松岡 孝	1945.1.2	比島
180			電	二飛曹	中村 勇哲	1944.6.19	マリアナ沖
181		3	操	三飛曹	五嶋 薫	1945.5.18	沖縄
182			偵	一飛曹	佐野 剛也	1942.10.26	南太平洋
183			電	二飛曹	中野 利夫	1942.10.26	南太平洋
					【加賀】		
184	1	1	操	大尉	北島 一良	○	
185			偵	飛曹長	明刕 豊	○	
186			電	二飛曹	山本 静男	1944.6.19	マリアナ沖
187		2	操	三飛曹	吉川 與四郎	○	
188			偵	二飛曹	王子野 光二	1942.10.17	ガダルカナル
189			電	二飛曹	前田 武	○	
190		3	操	二飛曹	平田 義幸	1944.10.14	台湾沖
191			偵	三飛曹	山口 勇二	○	
192			電	一飛兵	岡田 幸男	1942.12.8	
193		1	操	一飛曹	佐藤 重雄	○	
194			偵	大尉	福田 稔	1942.6.5	ミッドウェー
195			電	二飛曹	大西 春雄	1944.10.25（特攻）	比島
196		2	操	二飛曹	中川 一二	1943.1.6	内地
197			偵	一飛曹	吉野 治男	○	
198			電	一飛兵	川崎 光男	1944.1.14（殉職）	内地
199		3	操	一飛兵	北原 收三	1941.12.8	ハワイ
200			偵	一飛兵	清水 吉雄	1941.12.8	ハワイ
201			電	二飛曹	大西 俊夫	1941.12.8	ハワイ
202	2	1	操	大尉	鈴木 三守	1941.12.8	ハワイ
203			偵	飛曹長	森田 常記	1941.12.8	ハワイ
204			電	二飛曹	町元 善春	1941.12.8	ハワイ
205		2	操	二飛曹	田中 一則	1944.10.24	比島
206			偵	二飛曹	中村 豊弘	○	
207			電	二飛曹	井上 安治	○	
208		3	操	二飛曹	熊本 研一	1941.12.8	ハワイ
209			偵	二飛曹	松田 勇	1941.12.8	ハワイ
210			電	二飛曹	梅津 宣夫	1941.12.8	ハワイ
211		1	操	一飛曹	岩田廣丈	○	
212			偵	一飛曹	森崎 英夫	1945.4.24	比島
213			電	二飛曹	平野 晴一郎	1944.11.19（特攻）	比島
214		2	操	一飛兵	大橋 成克	1941.12.8	ハワイ
215			偵	二飛曹	増田 吉蔵	1941.12.8	ハワイ
216			電	二飛曹	武田 英美	1941.12.8	ハワイ
217		3	操	二飛曹	長井 泉	1941.12.8	ハワイ
218			偵	一飛曹	植田 米太郎	1941.12.8	ハワイ
219			電	一飛兵	武田 友治	1941.12.8	ハワイ
					【蒼龍】		
220	1	1	操	大尉	長井 彊	1944.10.13	台湾沖
221			偵	飛曹長	谷口 惣一郎	1945.5.22	沖縄
222	1	1	電	一飛曹	太田 五郎	1942.10.17	ガダルカナル
223		2	操	二飛曹	森 拾三	○	
224			偵	一飛曹	加藤 豊則	1944.10.15	台湾沖
225			電	二飛曹	早川 潤一	○	
226		1	操	一飛曹	原田 正澄	1943.11.10	ソロモン
227			偵	飛曹長	金井 武和	1945.4.6	沖縄
228			電	二飛曹	細田 喜代人	1944.4.30	内南洋
229		2	操	二飛曹	木村 正	1944.10.15	台湾沖
230			偵	二飛曹	吉岡 政光	○	
231			電	二飛曹	若宮 秀夫	1942.10.17	ガダルカナル
232		1	操	大尉	中嶋 巽	○	
233			偵	飛曹長	中村 太門	1944.6.24	硫黄島
234			電	一飛兵	西田 孝雄	1942.10.17	ガダルカナル
235		2	操	一飛兵	藤原 嘉六	1944.6.19	マリアナ沖
236			偵	一飛曹	石井 利一	1944.2.23	マリアナ
237			電	二飛曹	渡邊 勇三	1945.4.13	沖縄
238		1	操	一飛曹	佐藤 寿雄	1944.10.17	台湾沖
239			偵	飛曹長	大迫 加一	○	
240			電	三飛曹	荒井 辰雄	1942.6.5	ミッドウェー
241		2	操	三飛曹	川島 甲治	1942.10.17	ガダルカナル
242			偵	一飛曹	田中 敬介	1942.6.5	ミッドウェー
243			電	二飛曹	小川 政次	1942.6.5	ミッドウェー
					【飛龍】		
244	1	1	操	大尉	松村 平太	○	
245			偵	一飛曹	城 武夫	○	
246			電	一飛曹	村井 定	1942.6.5	ミッドウェー
247		2	操	三飛曹	於久 保巳	1942.6.5	ミッドウェー
248			偵	二飛曹	肱黒 定美	1942.6.5	ミッドウェー
249			電	一飛曹	稲毛 幸平	1942.4.9	セイロン
250		1	操	三飛曹	柳本 拓郎	1945.3.20（特攻）	九州沖
251			偵	飛曹長	湯本 智美	1942.6.5	ミッドウェー
252			電	一飛曹	松井 信平	1944.10.12	台湾沖
253		2	操	一飛兵	浦田 直	○	
254			偵	二飛曹	工藤 博三	1942.6.5	ミッドウェー
255			電	一飛兵	谷口 一也	1942.6.5	ミッドウェー
256		1	操	大尉	角野 博治	○	
257			偵	飛曹長	稲田 政司	1942.6.5	ミッドウェー
258			電	二飛曹	森田 寛	1942.6.5	ミッドウェー
259		2	操	一飛曹	杉本 八郎	1942.6.5	ミッドウェー
260			偵	二飛曹	丸山 泰輔	○	
261			電	一飛兵	藤山 雅照	1945.3.8	海軍病院
262		1	操	一飛曹	高橋 利男	1942.6.5	ミッドウェー
263			偵	一飛曹	中島 政時	1944.5.20	ペリリュー沖
264			電	二飛曹	金澤 秀利	○	
265		2	操	二飛曹	笠島 敏夫	○	
266			偵	一飛曹	鳥羽 重信	1942.6.5	ミッドウェー
267			電	二飛曹	仲野 開市	○	

86	3	2	偵	二飛曹	濱野 孝一	1945.1.10（殉職）	出水基地
87			電	二飛曹	大場 八千代	1944.8.21	沖縄

【蒼龍】

88	1	1	操	飛曹長	笠原 治助	1945.5.7（殉職）	内地
89			偵	大尉	阿部 平次郎	○	
90			電	一飛曹	小町 齢	1945.4.2	沖縄
91		2	操	飛曹長	佐藤 治尾	1941.12.22	ウェーク島
92			偵	一飛曹	金井 昇	1941.12.22	ウェーク島
93			電	二飛曹	花田 芳一	1941.12.22	ウェーク島
94		3	操	一飛兵	栗田 照秋	1941.12.22	ウェーク島
95			偵	三飛曹	大谷 末吉	1941.12.22	ウェーク島
96			電	一飛兵	小紙 彰正	1941.12.22	ウェーク島
97		1	操	二飛曹	根食 貞憲	1944.10.12	台湾沖
98			偵	一飛曹	杉山 弘與	1944.4.30	内南洋
99			電	二飛曹	丸山 忠雄	1942.10.17	ガダルカナル
100		2	操	二飛曹	岩田 高明	1942.10.17	ガダルカナル
101			偵	二飛曹	鹿熊 粂吉	1942.10.17	ガダルカナル
102			電	二飛曹	土井 敬二	1942.10.17	ガダルカナル
103	2	1	操	一飛曹	新谷 潔	1944.2.23	マリアナ
104			偵	中尉	山本 貞雄	○	
105			電	三飛曹	鈴木 四郎	○	
106		2	操	一飛曹	大多和 達也	○	
107			偵	一飛曹	藤波 貫二	1944.6.29	マリアナ
108			電	一飛兵	永井 福太郎	1944.10.14	台湾沖
109		3	操	一飛兵	宮崎 徳三郎	1945.6.8	沖縄
110			偵	一飛曹	佐野 覚	1944.11.25	比島
111			電	一飛兵	秋浜 哲郎	1943.5.5（殉職）	内地
112		1	操	三飛曹	野崎 実男	○	
113			偵	飛曹長	八代 七郎	○	
114			電	三飛曹	若林澄男	1944.10.12	台湾沖
115		2	操	一飛兵	茅原 義博	1942.6.5	ミッドウェー
116			偵	三飛曹	安藤 百平	○	
117			電	二飛曹	江塚 寿	1942.10.17	ガダルカナル

【飛龍】

118	1	1	操	少佐	楠美 正	1942.6.5	ミッドウェー
119			偵	中尉	近藤 正次郎	1944.3.29	パラオ
120			電	一飛曹	福田 正雄	1944.10.13	台湾沖
121		2	操	一飛曹	石井 善吉	1942.6.5	ミッドウェー
122			偵	一飛曹	小林 正松	1942.6.5	ミッドウェー
123			電	一飛兵	文宮 府和	1942.6.5	ミッドウェー
124		3	操	一飛曹	大林 行雄	1942.6.5	ミッドウェー
125			偵	二飛曹	吉村 武夫	1944.4.14	リンガ泊地
126			電	二飛曹	矢作 実	1944.11.16	比島
127		1	操	一飛曹	阪本 憲司	1942.6.5	ミッドウェー
128			偵	一飛曹	池亀 秀敏	○	
129			電	一飛兵	實田 陸男	1942.4.9	セイロン
130		2	操	一飛兵	永山 義光	1944.10.12	台湾沖
131	1	2	偵	二飛曹	佐藤 繁治	1945.8.13	関東上空
132			電	二飛曹	宮川 次宗	1942.6.5	ミッドウェー
133	2	1	操	二飛曹	上杉 丈助	1945.3.18（特攻）	九州沖
134			偵	中尉	橋本 敏男	○	
135			電	一飛兵	小山 富雄	○	
136		2	操	一飛曹	高橋 仲夫	1944.6.19	マリアナ沖
137			偵	一飛曹	衛藤 親思	1945.6.25	ボルネオ沖
138			電	二飛曹	笠井 清	1942.6.5	ミッドウェー
139		3	操	一飛曹	住友 清真	1945.3.27	大分
140			偵	二飛曹	梅澤 幸男	1944.10.16	台湾沖
141			電	二飛曹	田村 満	1942.6.5	ミッドウェー
142		1	操	一飛曹	野中 覚	1944.6.24	硫黄島
143			偵	飛曹長	龍 六郎	1942.6.5	ミッドウェー
144			電	一飛曹	楢崎 廣典	1942.6.5	ミッドウェー
145		2	操	一飛兵	鈴木 武	1942.6.5	ミッドウェー
146			偵	二飛曹	山田 貞次郎	1942.6.5	ミッドウェー
147			電	一飛兵	鳥原 力	1942.4.9	セイロン

雷撃

【赤城】

148	1	1	操	少佐	村田 重治	1942.10.26	南太平洋
149			偵	飛曹長	星野 要二	1944.10.23	比島
150			電	一飛曹	平山 清志	1945.2.16	本州東方
151		2	操	一飛兵	井上 福治	○	
152			偵	一飛曹	川村 善作	○	
153			電	一飛兵	藤本 兼雄	1942.10.26	南太平洋
154		3	操	一飛兵	香川 定輔	○	
155			偵	二飛曹	栗田 厚吉	1944.6.19	マリアナ沖
156			電	一飛兵	友安 薫	1942.5.7	珊瑚海
157		1	操	中尉	後藤 仁一	○	
158			偵	一飛曹	宮嶋 睦夫	1944.1.19	ラバウル
159			電	三飛曹	中島 光昇	1942.10.26	南太平洋
160		2	操	一飛兵	行友 一人	1944.10.13	台湾沖
161			偵	一飛曹	宮田 政人	○	
162			電	一飛兵	女田 竹利	1942.10.26	南太平洋
163		3	操	一飛兵	安江 巴	1945.5.11	沖縄
164			偵	二飛曹	遠藤 恒次	1944.4.22	マリアナ
165			電	三飛曹	萩谷 幾久男	1944.7.24（殉職）	北千島
166	2	1	操	大尉	根岸 朝雄	1944.10.15	台湾沖
167			偵	飛曹長	川村 正明	○	
168			電	一飛曹	清水 賢	1944.6.20	マリアナ沖
169		2	操	三飛曹	海藤 軍治	1945.5.20	沖縄
170			偵	一飛曹	伊藤 光義	1942.10.26	南太平洋
171			電	一飛曹	堀井 孝行	1944.6.15	内南洋
172		3	操	一飛兵	花井 圭吾	○	
173			偵	二飛曹	萱谷 重春	1941.12.8	ハワイ（機上）
174			電	三飛曹	沖田 清三	1944.10.14	台湾沖
175		1	操	一飛曹	鈴木 重男	○	
176			偵	飛曹長	重永 春喜	○	

真珠湾攻撃搭乗員一覧表（網かけは本書に登場する搭乗員）

	中隊	機番	配置	階級	姓名	戦死日時	戦死場所
第1次攻撃隊							
水平爆撃【赤城】							
1	1	1	操	大尉	松崎 三男	1943.12.5	マーシャル
2			偵	中佐	淵田 美津雄	○	
3			電	一飛曹	水木 徳信	1942.10.26	南太平洋
4		2	操	一飛曹	渡邊 晃	1944.10.13	台湾沖
5			偵	一飛曹	阿曽 弥之助	1944.6.19	マリアナ沖
6			電	一飛兵	五月女 忠夫	1944.10.14	台湾沖
7		3	操	一飛曹	竹村 章	1942.10.26	南太平洋
8			偵	一飛曹	雨宮 亨勇	1944.6.20	マリアナ沖
9			電	二飛曹	芦野 正男	○	
10		1	操	一飛曹	湯浅 只雄	1942.10.26	南太平洋
11			偵	大尉	岩井 健太郎	1944.4.17	ニューギニア
12			電	二飛曹	竹内 義信	○	
13		2	操	一飛曹	岡崎 行男	1942.10.26	南太平洋
14			偵	二飛曹	伊藤 仁	1943.12.5	マーシャル
15			電	一飛兵	前野 哲男	1944.7.8	サイパン
16	2	1	操	一飛曹	藤本 諭	1944.10.14	台湾沖
17			偵	大尉	岩崎 五郎	1944.10.25（戦病死）	南西方面
18			電	二飛曹	渡部 繁治	1943.10.30（殉職）	静岡
19		2	操	一飛曹	越智 正武	○	
20			偵	一飛曹	向畑 寿一	1944.3.14（殉職）	横須賀
21			電	二飛曹	倉谷 定茂	1945.8.12	沖縄
22		3	操	二飛曹	遠藤 三郎	1943.11.21	タラワ
23			偵	二飛曹	中尾 直之	1945.3.24	比島
24			電	二飛曹	杉田 好弘	○	
25		1	操	二飛曹	大谷 康二	○	
26			偵	飛曹長	西森 進	○	
27			電	二飛曹	大久保 光則	1944.2.17	内南洋
28		2	操	一飛兵	松浦 清	1942.10.26	南太平洋
29			偵	一飛曹	徳留 明	○	
30			電	一飛兵	松田 憲雄	○	
31	3	1	操	飛曹長	中井 留一	1944.8.23（殉職）	横須賀
32			偵	大尉	布留川 泉	1944.2.23	マリアナ
33			電	二飛曹	河原 真治	1943.8.17	ダーウィン
34		2	操	一飛兵	鈴木 忍	1944.6.20	マリアナ沖
35			偵	一飛曹	加藤 昇	○	
36			電	二飛曹	藤田 軍平	1945.3.20（特攻）	九州沖
37		3	操	三飛曹	佐藤 仁夫	○	
38			偵	二飛曹	遠間 萬喜太	1943.12.25	ギルバート
39			電	二飛曹	鈴木 勝	○	
40	3	1	操	二飛曹	滝澤 友一	1942.10.26	南太平洋
41			偵	飛曹長	松島 正	1942.10.26	南太平洋
42			電	一飛兵	大島 正廣	1942.6.5	ミッドウェー
43		2	操	二飛曹	岡田 巌	○	
44			偵	二飛曹	菊地 義盛	1944.11.13	比島
45			電	三飛曹	村上 守司	1942.10.26	南太平洋
【加賀】							
46	1	1	操	飛曹長	浦田 豊四	1944.6.19	マリアナ沖
47			偵	少佐	橋口 喬	○	
48			電	一飛曹	松本 光	1944.3.30	パラオ
49		2	操	一飛曹	杉原 達也	1942.1.20	ラバウル
50			偵	一飛曹	山本 勝男	1942.1.20	ラバウル
51			電	二飛曹	田中 洋一	1942.1.20	ラバウル
52		3	操	三飛曹	切通 親	1945.5.24	沖縄
53			偵	一飛曹	樫田 一郎	1942.6.5	ミッドウェー
54			電	二飛曹	田村 三郎	1945.3.18	九州沖
55		1	操	二飛曹	鈴木 勲	1944.12.28	比島
56			偵	飛曹長	福元 実恵	1944.6.8	沖縄
57			電	二飛曹	村上 欣二	1942.6.5	ミッドウェー
58		2	操	一飛兵	小川 益一	1944.6.19	マリアナ沖
59			偵	一飛曹	天野 明	1945.2.18	比島
60			電	二飛曹	伊藤 捨久	1944.11.26	比島
61	2	1	操	大尉	牧 秀雄	○	
62			偵	飛曹長	松村 務	1944.6.19	マリアナ沖
63			電	三飛曹	三矢 武一	○	
64		2	操	一飛曹	田中 庄市	○	
65			偵	一飛曹	菊池 藤三	1942.6.5	ミッドウェー
66			電	二飛曹	沖中 明	○	
67		3	操	三飛曹	大塚 高次	1943.8.11	南シナ海
68			偵	三飛曹	徳丸 泰次	1944.11.17	済州島沖
69			電	二飛曹	渡邊 禎夫	1945.2.26	南シナ海
70		1	操	一飛曹	三島 輝夫	1944.6.19	マリアナ沖
71			偵	中尉	葛城 政彦	1942.6.5	ミッドウェー
72			電	二飛曹	久垣 吾市	1942.8.24	第二次ソロモン
73		2	操	二飛曹	柴田 壽	1942.6.5	ミッドウェー
74			偵	一飛曹	吉村 直次郎	1942.3.17	加賀艦上
75			電	三飛曹	黒木 勇三郎	1942.6.5	ミッドウェー
76	3	1	操	大尉	三上 良孝	1942.6.5	ミッドウェー
77			偵	一飛曹	竹原 貞喜	1944.6.24	硫黄島
78			電	三飛曹	飯森 清太	1944.6.18	マリアナ
79		2	操	一飛曹	植村 信雄	1944.10.14	台湾沖
80			偵	二飛曹	藤井 淳一	1944.6.20	マリアナ沖
81			電	一飛兵	尾池 三郎	不明	
82		1	操	二飛曹	松山 政人	○	
83			偵	飛曹長	森永 隆義	○	
84			電	二飛曹	米澤 一	1944.10.21	台湾
85		2	操	三飛曹	大串 軍治	1944.12.21	比島

NHK　BS1スペシャル
『真珠湾80年 生きて 愛して、そして』
（2021年12月5日放送）

資料提供
米国国立公文書館　防衛研究所　ハワイ日蓮宗別院
零戦の会　愛媛零戦搭乗員会　豊の国宇佐市塾

取材協力（順不同）
浅川三雄　太田保　工藤崇嗣　島田徹　島田雄輔　隅倉章
多田浩一　中西明　萩谷元男　橋本豊　松尾秀徳　丸山裕介
森忠司　森田君子　森永和子
神立尚紀　高橋希輔　織田祐輔　味口信彦　菅成徳
竹中義顕　吉良敢　森川貴文　荒井順子　大橋紗智子
久保奈緒子　金沢すみか　大島智子

声の出演	青二プロダクション
イラスト	信長アキラ　筒井貴久
イラスト加工	石川舞
CG制作	安井治次郎
コーディネーター	柳原緑
リサーチャー	川端萌
撮影	金沢裕司
音声	飯野和義　高橋一三
映像技術	山本浩三
編集	松本哲夫
音響効果	尾上政幸
プロデューサー	伊藤純
制作統括	太田宏一　渡辺圭
ディレクター	大島隆之
制作	NHKエンタープライズ
制作著作	NHK

N.D.C.210.75 246p 18cm
ISBN978-4-06-530017-6

講談社現代新書 2686

真《しん》珠《じゅ》湾《わん》攻《こう》撃《げき》隊《たい》 隊員《たいいん》と家族《かぞく》の八〇年《はちじゅうねん》

二〇二二年一一月二〇日第一刷発行

著者 大島隆之《おおしまたかゆき》 ©Takayuki Oshima 2022

発行者 鈴木章一

発行所 株式会社講談社

東京都文京区音羽二丁目一二―二一 郵便番号一一二―八〇〇一

電話 〇三―五三九五―三五二一 編集（現代新書）

〇三―五三九五―四四一五 販売

〇三―五三九五―三六一五 業務

装幀者 中島英樹／中島デザイン

印刷所 株式会社ＫＰＳプロダクツ

製本所 株式会社国宝社

本文データ制作 講談社デジタル製作

定価はカバーに表示してあります Printed in Japan

「講談社現代新書」の刊行にあたって

教養は万人が身をもって養い創造すべきものであって、一部の専門家の占有物として、ただ一方的に人々の手もとに配布され伝達されうるものではありません。

しかし、不幸にしてわが国の現状では、教養の重要な養いとなるべき書物は、ほとんど講壇からの天下りや単なる解説に終始し、知識技術を真剣に希求する青少年・学生・一般民衆の根本的な疑問や興味は、けっして十分に答えられ、解きほぐされ、手引きされることがありません。万人の内奥から発した真正の教養への芽ばえが、こうして放置され、むなしく滅びさる運命にゆだねられているのです。

このことは、中・高校だけで教育をおわる人々の成長をはばんでいるだけでなく、大学に進んだり、インテリと目されたりする人々の精神力の健康さえもむしばみ、わが国の文化の実質をまことに脆弱なものにしています。単なる博識以上の根強い思索力・判断力、および確かな技術にささえられた教養を必要とする日本の将来にとって、これは真剣に憂慮されなければならない事態であるといわなければなりません。

わたしたちの「講談社現代新書」は、この事態の克服を意図して計画されたものです。これによってわたしたちは、講壇からの天下りでもなく、単なる解説書でもない、もっぱら万人の魂に生ずる初発的かつ根本的な問題をとらえ、掘り起こし、手引きし、しかも最新の知識への展望を万人に確立させる書物を、新しく世の中に送り出したいと念願しています。

わたしたちは、創業以来民衆を対象とする啓蒙の仕事に専心してきた講談社にとって、これこそもっともふさわしい課題であり、伝統ある出版社としての義務でもあると考えているのです。

一九六四年四月　野間省一

哲学・思想Ⅰ

政治・社会

1145 冤罪はこうして作られる　小田中聰樹
1201 情報操作のトリック　川上和久
1488 日本の公安警察——青木理
1540 戦争を記憶する——藤原帰一
1742 教育と国家——高橋哲哉
1965 創価学会の研究——玉野和志
1977 天皇陛下の全仕事——山本雅人
1978 思考停止社会——郷原信郎
1985 日米同盟の正体——孫崎享
2068 財政危機と社会保障——鈴木亘
2073 リスクに背を向ける日本人　山岸俊男　メアリー・C・ブリントン
2079 認知症と長寿社会——信濃毎日新聞取材班
2115 国力とは何か——中野剛志
2117 未曾有と想定外——畑村洋太郎
2123 中国社会の見えない掟　加藤隆則
2130 ケインズとハイエク　松原隆一郎
2135 弱者の居場所がない社会　阿部彩
2138 超高齢社会の基礎知識　鈴木隆雄
2152 鉄道と国家——小牟田哲彦
2183 死刑と正義——森炎
2186 民法はおもしろい——池田真朗
2197 「反日」中国の真実——加藤隆則
2203 ビッグデータの覇者たち——海部美知
2246 愛と暴力の戦後とその後——赤坂真理
2247 国際メディア情報戦——高木徹
2294 安倍官邸の正体——田崎史郎
2295 福島第一原発事故 7つの謎　NHKスペシャル『メルトダウン』取材班
2297 ニッポンの裁判——瀬木比呂志
2352 警察捜査の正体——原田宏二
2358 貧困世代——藤田孝典
2363 下り坂をそろそろと下る　平田オリザ
2387 憲法という希望——木村草太
2397 老いる家 崩れる街　野澤千絵
2413 アメリカ帝国の終焉　進藤榮一
2431 未来の年表——河合雅司
2436 縮小ニッポンの衝撃　NHKスペシャル取材班
2439 知ってはいけない——矢部宏治
2455 保守の真髄——西部邁

日本史Ⅰ

1258 身分差別社会の真実——斎藤洋一・大石慎三郎
1265 七三一部隊——常石敬一
1292 日光東照宮の謎——高藤晴俊
1322 藤原氏千年——朧谷寿
1379 白村江——遠山美都男
1394 参勤交代——山本博文
1414 謎とき日本近現代史　野島博之
1599 戦争の日本近現代史　加藤陽子
1648 天皇と日本の起源　遠山美都男
1680 鉄道ひとつばなし——原武史
1702 日本史の考え方——石川晶康
1707 参謀本部と陸軍大学校　黒野耐
1797 「特攻」と日本人——保阪正康
1885 鉄道ひとつばなし2——原武史
1900 日中戦争——小林英夫
1918 日本人はなぜキツネにだまされなくなったのか　内山節
1924 東京裁判——日暮吉延
1931 幕臣たちの明治維新　安藤優一郎
1971 歴史と外交——東郷和彦
1982 皇軍兵士の日常生活　一ノ瀬俊也
2031 明治維新　1858-1881　坂野潤治・大野健一
2040 中世を道から読む——齋藤慎一
2089 占いと中世人——菅原正子
2095 鉄道ひとつばなし3——原武史
2098 戦前昭和の社会　1926-1945——井上寿一
2106 戦国誕生——渡邊大門
2109 「神道」の虚像と実像　井上寛司
2152 鉄道と国家——小牟田哲彦
2154 邪馬台国をとらえなおす——大塚初重
2190 戦前日本の安全保障——川田稔
2192 江戸の小判ゲーム——山室恭子
2196 藤原道長の日常生活　倉本一宏
2202 西郷隆盛と明治維新　坂野潤治
2248 城を攻める　城を守る——伊東潤
2272 昭和陸軍全史1——川田稔
2278 織田信長〈天下人〉の実像　金子拓
2284 ヌードと愛国——池川玲子
2299 日本海軍と政治——手嶋泰伸

日本史Ⅱ

2319 昭和陸軍全史3——川田稔
2328 タモリと戦後ニッポン 近藤正高
2330 弥生時代の歴史——藤尾慎一郎
2343 天下統一——黒嶋敏
2351 戦国の陣形——乃至政彦
2376 昭和の戦争——井上寿一
2380 刀の日本史——加来耕三
2382 田中角栄——服部龍二
2394 井伊直虎——夏目琢史
2398 日米開戦と情報戦——森山優
2401 愛と狂瀾のメリークリスマス 堀井憲一郎
2402 ジャニーズと日本——矢野利裕
2405 織田信長の城——加藤理文
2414 海の向こうから見た倭国 高田貫太
2417 ビートたけしと北野武 近藤正高
2428 戦争の日本古代史——倉本一宏
2438 飛行機の戦争 1914-1945——一ノ瀬俊也
2449 天皇家のお葬式——大角修
2451 不死身の特攻兵——鴻上尚史
2453 戦争調査会——井上寿一
2454 縄文の思想——瀬川拓郎
2460 自民党秘史——岡崎守恭
2462 王政復古——久住真也

世界史Ⅰ

世界史Ⅱ

知的生活のヒント

78 大学でいかに学ぶか　増田四郎
86 愛に生きる——鈴木鎮一
240 生きることと考えること　森有正
297 本はどう読むか——清水幾太郎
327 考える技術・書く技術——板坂元
436 知的生活の方法——渡部昇一
553 創造の方法学——高根正昭
587 文章構成法——樺島忠夫
648 働くということ——黒井千次
722 「知」のソフトウェア——立花隆
1027 「からだ」と「ことば」のレッスン——竹内敏晴
1468 国語のできる子どもを育てる——工藤順一
1485 知の編集術——松岡正剛
1517 悪の対話術——福田和也
1563 悪の恋愛術——福田和也
1620 相手に「伝わる」話し方　池上彰
1627 インタビュー術！——永江朗
1679 子どもに教えたくなる算数　栗田哲也
1865 老いるということ——黒井千次
1940 調べる技術・書く技術——野村進
1979 回復力——畑村洋太郎
1981 日本語論理トレーニング——中井浩一
2003 わかりやすく〈伝える〉技術——池上彰
2021 新版　大学生のためのレポート・論文術——小笠原喜康
2027 地アタマを鍛える知的勉強法——齋藤孝
2046 大学生のための知的勉強術——松野弘
2054 〈わかりやすさ〉の勉強法——池上彰
2083 人を動かす文章術——齋藤孝
2103 アイデアを形にして伝える技術——原尻淳一
2124 デザインの教科書——柏木博
2165 エンディングノートのすすめ——本田桂子
2188 学び続ける力——池上彰
2201 野心のすすめ——林真理子
2298 試験に受かる「技術」——吉田たかよし
2332 「超」集中法——野口悠紀雄
2406 幸福の哲学——岸見一郎
2421 牙を研げ　会社を生き抜くための教養　佐藤優
2447 正しい本の読み方　橋爪大三郎